La Quinta del Buitre

Juri Gobbini

LA QUINTA DEL BUITRE

Codice ISBN: 979-12-200-5879-7

CONTENUTI

DEMOCRAZIA E MOVIDA: LA TRANSIZIONE SPAGNOLA

«Españoles, Franco ha muerto»

Erano le dieci di mattina del 20 novembre 1975 quando il presidente del Governo, Carlos Arias Navarro, apparve sugli schermi delle televisioni spagnole, annunciando la triste notizia. Malato di Parkinson, le condizioni di Francisco Franco si erano ulteriormente aggravate nell'ultimo mese, mentre l'intera Spagna era rimasta con il fiato sospeso in attesa del comunicato ufficiale. Nel paese fu immediatamente proclamato il lutto nazionale, ma non tutti piansero quel dittatore salito al potere nel 1939, al termine di una sanguinosa guerra civile. Per molti, infatti, la morte di Franco rappresentò la liberazione dalla tirannia: adesso, senza il Caudillo al potere, vi sarebbero state molte più possibilità di ricostruire una nuova Spagna a livello sociopolitico.

La scomparsa di Franco, oltre a riaccendere le speranze di libertà fra i cittadini, riaprì definitivamente le porte al ritorno della Monarchia, che era fuori dai giochi dal 1931, anno in cui era stata proclamata la Seconda Repubblica. In realtà, già nel 1947, la Monarchia era stata ripristinata proprio da Franco, il quale si era nominato reggente a vita, appropriandosi inoltre di numerosi privilegi spettanti al Re, incluso quello di poter nominare il proprio successore al trono. La Spagna era quindi una "Monarchia senza monarca" con invece un dittatore al proprio timone. Dittatore che non tardò a individuare chi lo avrebbe dovuto sostituire sul trono reale: Juan Carlos I di Borbone.

Nipote di Alfonso XIII – il Re scappato in esilio a Roma nel 1931- e figlio di Juan, Juan Carlos era stato adocchiato da Franco, il quale, nonostante i tesi rapporti la famiglia reale, era riuscito a portarlo in Spagna, prendendosi cura della sua formazione. Juan avrebbe voluto che il figlio studiasse in una università straniera, ma Franco si oppose, decidendo a favore di una carriera militare, prima di fargli frequentare l'Università Complutense di Madrid.

La scelta di Franco creò numerosi attriti all'interno della famiglia reale, visto che, almeno in teoria, avrebbe dovuto essere Juan il successore naturale del padre Alfonso XIII, dopo la morte del Monarca avvenuta nel 1942. Nemmeno negli ambienti politici e militari c'era poi troppa convinzione che quella fosse la soluzione giusta. Con il dittatore che stava invecchiando e perdendo colpi, negli anni Sessanta il tema della successione divenne uno dei più spinosi. Tuttavia, l'appoggio e il sostegno da parte del Caudillo furono decisivi: a 31 anni, nel 1969, al termine di una cerimonia che lo vide giurare fedeltà al Franchismo, Juan Carlos fu ufficialmente nominato Principe di Spagna e successore al trono reale.

Quello che Franco mai si sarebbe immaginato era che, una volta diventato Re, Juan Carlos avrebbe preso un'altra strada. La scomparsa del dittatore aveva seriamente indebolito il governo fascista e, nonostante le promesse fatte al Caudillo, Juan Carlos avviò invece un periodo di transizione, aprendo di fatto le porte alla democrazia. Il processo di liberazione fu però lungo e irto di ostacoli. Le conseguenze della interminabile tirannia erano ancora presenti nella memoria degli spagnoli e la transizione apparve, in certi momenti, difficile da realizzare. La gente, abituata da anni a soffrire, stava osservando questo cambiamento con cautela, quasi con paura che qualcosa di sinistro potesse di nuovo accadere. Catalogna e Paesi Baschi, regioni oggetto di feroci repressioni durante il regime franchista, rincominciarono così a reclamare diritti e autonomia. Il 5 dicembre 1976, poco prima del derby fra Athletic Bilbao e Real Sociedad, i capitani delle due squadre scesero in campo con l'ikurriña, la bandiera basca, cosa impensabile solo qualche mese prima. Ma le manifestazioni di discontento non furono sempre di carattere pacifico.

Nata sul finire degli anni Cinquanta, l'ETA, una organizzazione la cui sigla sta per *Euskadi Ta Askatasuna* (Paese Basco e Libertà), passò tristemente alla storia per la sua guerra armata che produsse numerose vittime fra civili e militari. L'attentato più importante messo a segno dall'ETA venne eseguito nel 1973 a Madrid, quando ad essere ucciso fu l'ammiraglio Luis Carrero Blanco, all'epoca presidente del Governo. Carrero Blanco era stato un fedelissimo di Franco, e la sua uccisione rappresentò un crocevia importante nella storia politica spagnola: con Carrero Blanco al potere, probabilmente, sarebbe stato molto più difficile imprimere un cambiamento al paese. L'ETA non si fece scrupoli nel preparare l'attentato: venne usata una quantità tale di dinamite che l'auto dove era seduto Carrero Blanco volò letteralmente oltre il tetto di un palazzo di sei piani.

Se l'ETA aveva fatto fuori Carrero Blanco, fu invece direttamente Re Juan Carlos a forzare Arias Navarro, un altro devoto alla causa franchista, alle dimissioni. Soprannominato tristemente il *"Carnicero di Malaga"* - il "Carnefice di Malaga", per il suo nefasto ruolo nella sanguinosa repressione avvenuta nella città andalusa durante la guerra civile-, l'impopolare Arias Navarro fu a capo del Governo nel periodo pre-costituzionale, ma il suo mandato durò meno di otto mesi e venne rimpiazzato da Adolfo Suárez.

Suárez, all'epoca quarantatreenne, risultò essere una pedina fondamentale nello scacchiere di Re Juan Carlos. Pur appartenendo anch'egli alla destra, Suárez non faceva però parte dei fedelissimi che avevano accompagnato Franco nella sua parabola alla guida del paese, e perciò venne visto come una faccia nuova da parte dei non-fascisti. Secondo Santiago Carrillo, lo storico leader del Partito Comunista, Suárez era un "anticomunista intelligente", mentre la sua appartenenza alla destra evitò che si creassero ulteriori spaccature fra vecchie e nuove correnti politiche

La fiducia a Suárez venne confermata anche dal popolo in occasione delle prime elezioni, con il suo partito, l'UCD (Unione di Centro Democratico), che ottenne la maggioranza dei voti sia nel 1977 che nel 1979. La libertà, per gli spagnoli, non appariva più una chimera: oltre al ritorno del diritto di voto, furono legalizzati i partiti politici e i sindacati, venne abolita la pena di morte e, nel dicembre 1977, fu finalmente approvata la Costituzione, che entrò in vigore l'anno successivo.

La transizione ebbe comunque i suoi momenti di crisi: il 23 febbraio 1981 il paese intero si paralizzò davanti alla televisione, quando il tenente colonnello Antonio Tejero irruppe armato nel *Palacio de las Cortes*, la sede del Congresso dei deputati, prendendo in ostaggio tutte le persone presenti nell'edificio. Contemporaneamente, il capitano Jaime Milans del Bosch diede ordine di far scendere alcuni carri armati per le strade di Valencia. Temendo una nuova guerra civile o un'altra dittatura, in molti, specie in Catalogna e nei Paesi Baschi, iniziarono a preparare le valigie, pronti a scappare all'estero. Per fortuna, il tentativo di golpe venne sventato in meno di 12 ore. In tutta la nazione fu tirato un grosso sospiro di sollievo.

Con il paese che stava assestandosi verso una relativa normalità politica, finalmente, anche a livello socioculturale la Spagna iniziò a rompere le catene con il passato. In fin dei conti, per molti anni il regime aveva attuato la censura, mettendo il becco un po' dappertutto. Come nel 1968, quando a Joan Manuel Serrat venne proibito di partecipare al concorso canoro Eurovision. Il cantante aveva insistito nel voler interpretare la canzone "La, la, la" in catalano, e così fu rimpiazzato dalla madrilena Massiel, che eseguì lo stesso pezzo in castigliano. A sorpresa, la canzone trionfò, nonostante in molti sostennero che Franco avesse corrotto i giudici a suo favore. Ipotesi mai confermata, anche se mai del tutto smentita.

Fu proprio la musica, quasi inconsapevolmente, ad avviare una rivoluzione artistica – ribattezzata *Movida Madrileña* - che nacque e si sviluppò nella capitale spagnola prima di estendersi anche nel resto del paese. La Movida ebbe il suo inizio ufficioso il 9 febbraio 1980, quando alcuni gruppi musicali si riunirono in una sala dell'Università Politecnica di Madrid per un concerto in memoria del giovane José Enrique Cano Leal "Canito" – batterista dei Tos - morto qualche settimana prima, investito da un'auto la notte di Capodanno. Il concerto ebbe un successo incredibile: quello che doveva essere un semplice omaggio a un amico scomparso, in realtà si trasformò in un evento in piena regola, che diede il via a un vero e proprio boom musicale.

Anche se diversi gruppi avevano già incominciato a nascere nella seconda metà degli anni Settanta, fu con l'inizio della Movida che il movimento decollò, portando alcuni di loro a diventare vere e proprie icone dell'epoca: basti pensare ai Radio Futura, Los Secretos –la continuazione dei Tos dopo la morte di Canito- i Nacha Pop, Alaska, i Mecano. Non tutti avranno però la stessa fortuna. Tanti gruppi si sciolsero con la stessa facilità con cui si erano formati, ma poco importava: dopo gli anni grigi della dittatura, i giovani spagnoli stavano finalmente godendo la libertà di esprimersi. La Movida ebbe una ripercussione sociale importante: la gente iniziò a modificare il proprio modo di vestire, di pettinarsi, di comportarsi. Vennero rotti i tabù con il passato, anche quelli di carattere sessuale, mentre l'abitudine di *"salir de copas"* – passare la serata nei bar a bere - sempre presente nella cultura popolare spagnola, contribuì a vivacizzare ancor di più le notti di Madrid, con i locali notturni presi d'assalto dai giovani desiderosi di sballo e divertimento.

Uno dei protagonisti del cambiamento fu senza dubbio Enrique Tierno Galván, sindaco di Madrid negli anni della Movida. Politico, sociologo, avvocato, scrittore e professore universitario, fin dalla gioventù Tierno Galván si era adoperato contro il Franchismo, attività che gli costò un breve soggiorno in prigione e la proibizione di ricoprire cariche universitarie. Cacciato, fu costretto a lavorare negli Stati Uniti, all'Università di Princeton, prima che la morte di Franco gli riaprisse le porte per un rientro in patria. Nel 1978 fu proprio Tierno Galván a essere scelto per scrivere il preambolo della Costituzione, mentre un anno dopo fu eletto a sindaco di Madrid, incarico che ricoprì fino al giorno della sua morte, avvenuta il 19 gennaio 1986.

Fu alquanto strano che il boom della Movida avvenne in un periodo in cui il sindaco della città era un sessantenne chiamato da tutti *"El Viejo Professor"*, il "Vecchio Professore". Contrariamente al proprio soprannome, però, Tierno Galván seppe identificarsi con quel movimento giovanile e appoggiarlo, come quando, nel 1980, ripristinò il carnevale: dopo quarantaquattro anni Madrid sfilò nuovamente mascherata. Celebri furono anche i suoi discorsi in piazza, che gli valsero il soprannome di *"Alcalde della Movida"*, il "Sindaco della Movida". Non tutti arrivarono ad amarlo, comunque. In molti, specie nei partiti di opposizione, gli rinfacciarono di essere stato troppo permissivo e di aver contribuito allo sfascio di Madrid, e non alla sua risurrezione. Come in molte altre città europee infatti, anche nella capitale spagnola iniziarono a circolare le droghe pesanti, molti giovani caddero nel tunnel dell'eroina e, come diretta conseguenza, anche il virus dell'AIDS iniziò a diffondersi pericolosamente.

La trasformazione della Spagna ebbe anche altre importanti ripercussioni. Le donne spagnole, infatti, per anni avevano dovuto convivere con una società machista e il loro ruolo era sempre stato secondario. Esistevano addirittura leggi, come quella del "*Permiso Marital*", che ne limitavano persino le più semplici delle libertà: con tale legge, una donna spagnola aveva il diritto a lavorare, o a possedere una qualsiasi attività economica, solo in presenza del permesso del coniuge.

Negli anni Sessanta, a seguito della ripresa economica, le cose erano già leggermente migliorate, anche se fu solo dopo la morte di Franco che arrivò un drastico cambiamento. La maggior parte di quelle leggi di stampo medioevale furono finalmente abolite, consentendo alle donne spagnole di riguadagnare quelle libertà negategli da una società fallocrate.

Proprio il ruolo della donna, assieme ai bagordi notturni conditi da droga e alcool, furono i temi proposti nei primi film dell'allora sconosciuto regista Pedro Almodóvar. Almodóvar esordì come regista in maniera ufficiale nel 1980, quando uscì il suo primo film, intitolato "*Pepi, Luci, Bom y otras Chicas del Montón*" (Pepi, Luci, Bom e le altre Ragazze del Mucchio): messi in piedi con budget irrisori, le sue opere d'esordio erano ambientate nei luoghi della Movida e riflettevano in pieno le tendenze del momento. Non era affatto difficile che il regista si presentasse in un bar per delle riprese, dicendo alla gente di "continuare a fare quello che stavano facendo", tanto naturali e veritiere doveva essere le scene che lui avrebbe girato.

Se Almodóvar poteva essere considerato l'icona perfetta della Movida nel campo del cinema, anche la fotografia, la pittura, la scultura ebbero i loro personaggi, tutti emersi durante quel periodo e consolidati poi nel tempo come figure di rappresentanza dei vari rami artistici. Il calcio, al contrario, fu invece un settore che fece fatica a trovare il suo personaggio da poter accostare alla transizione. Ci volsero circa quattro anni, ma alla fine anche il fútbol spagnolo trovò il proprio personaggio icona, quando un giovanotto con lo sguardo angelico e con i riccioli biondi apparve improvvisamente sulla scena in un pomeriggio di febbraio.

IL MADRID DE LOS GARCÍA

Le strade di Alfredo Di Stéfano e del Real Madrid si erano separate bruscamente nella primavera del 1964, subito dopo la finale di Coppa dei Campioni persa contro l'Inter. Un diverbio fra l'attaccante argentino e il tecnico Miguel Muñoz fu la goccia che fece traboccare il vaso: la discussione non lasciò indifferente nemmeno il presidente Santiago Bernabéu, che nei giorni successivi alla gara intervenne per risolvere la diatriba. Di Stéfano, oramai quasi trentottenne, aveva perso la sua enorme influenza sul terreno di gioco, mentre il suo status di leader faceva sì che la sua opinione contasse come quella di Muñoz, anzi forse persino di piú. Il conflitto di interessi all'interno della squadra era palese, e Bernabéu, da buon stratega, provò di conseguenza a mediare.

Convinto che Di Stéfano avrebbe accettato, il presidente offrì all'asso argentino un pensionamento anticipato e un ruolo, a propria scelta, all'interno del club. In fin dei conti se il Real era arrivato in cima al tetto del mondo molti meriti erano anche i suoi. Quello con cui Bernabéu non aveva fatto però i conti fu l'orgoglio del campione argentino. Nonostante l'età, Di Stéfano rimaneva convinto di poter dare ancora qualcosa alla squadra e voleva un'altra chance. Avrebbe voluto decidere lui quando smettere. Si sentì offeso e trattato come "un paio di scarpe vecchie". Tuttavia, Bernabéu rimase firme alla propria idea. Muñoz gli aveva chiesto di poter lavorare senza interferenze e il presidente, anche lui convinto che Di Stéfano non avesse più nulla da dare sul campo, glielo aveva promesso. La separazione fu inevitabile.

L'asso argentino si accasò così all'Español, dove rimase per due stagioni prima di appendere definitivamente le scarpette al chiodo. Bernabéu la prese molto male: per lui Di Stéfano era come un figlio, e il divorzio mise fine anche alla loro profonda amicizia. Il comportamento del presidente non fu però esente da critiche. Per molti, dopo tutto quello che aveva fatto per il club, Di Stéfano si sarebbe meritato un migliore trattamento.

Subito dopo aver abbandonato il campo, Di Stéfano iniziò ad allenare. Nel 1969 vinse la Primera División argentina sulla panchina del Boca Juniors, mentre due anni dopo fu lui a guidare il Valencia alla conquista della Liga. Negli anni Settanta, in molti arrivarono a ipotizzare e suggerire un suo ritorno al Real Madrid, come tecnico, eppure Bernabéu non ne volle mai sapere.

Tuttavia, dopo la scomparsa di Bernabéu, avvenuta nel 1978, le porte del club si riaprirono e nel 1982 arrivò la chiamata ufficiale da parte di Luis de Carlos, il nuovo presidente del Real Madrid. Di Stéfano era reduce da una vittoria in Coppa delle Coppe con il Valencia, a cui aveva fatto seguito la conquista del Torneo Nacional argentino con il River Plate[1]. Riportarlo a Madrid non fu comunque solo una scelta tecnica. Poche settimane dopo vi sarebbero state infatti le votazioni per la presidenza del club e a De Carlos serviva disperatamente un asso nella manica. Come previsto, la mossa diede i suoi frutti e il presidente riottenne la fiducia dei soci, battendo il favorito Ramón Mendoza.

---

[1] Di Stéfano è stato finora l'unico allenatore capace di vincere un trofeo con entrambe le grandi di Buenos Aires, il Boca Juniors e il River Plate.

Al suo rientro nella capitale, ben presto Di Stéfano si rese conto che quella sarebbe stata una sfida ben diversa dalle altre. Il suo nome era sinonimo di successo, e le magie che aveva fatto vedere sul campo da calciatore crearono delle aspettative superiori alle reali possibilità della squadra. Nonostante la rosa fosse formata da gente come Carlos Santillana, Juanito, Vicente del Bosque, José Antonio Camacho, e gli stranieri Uli Stielike e Laurie Cunningham, il Real Madrid di inizio anni Ottanta passò alla storia come il *"Madrid de los García"*, per la contemporanea presenza in rosa di ben cinque García: Mariano García Remón, portiere; Rafael García Cortés, Angel Pérez García ed Antonio García Navajas, difensori; Francisco García Hernández, centrocampista.

Il soprannome non rappresentava certo un complimento. Anzi, stava a sottolineare quanto ordinaria fosse quella squadra. Per inciso, nessuno dei García lasciò una impronta indelebile nella storia club e quello che rimase più a lungo fu il portiere García Remón, il quale collezionò ben 15 stagioni in blancos – dal 1971 al 1986- malgrado solo cinque da titolare.

La missione si rivelò subito difficile, e, onestamente parlando, nemmeno la fortuna fu dalla parte di Di Stéfano. Nella stagione 1982-83, il Real Madrid e l'Athletic Bilbao inscenarono un lungo testa a testa che fu deciso solo all'ultima di campionato. Il Real si presentò sul campo del Valencia con un punto di vantaggio sui baschi, impegnati a Las Palmas. Quando l'Athletic Bilbao andò sotto di un gol nel primo tempo in molti pensarono che fosse fatta, invece bastarono pochi minuti per stravolgere l'esito della contesa: i baschi seppero rialzare immediatamente la testa, rovesciando il risultato – la partita finì poi 1-5 – e contemporaneamente il Valencia passò in vantaggio con un gol del difensore Miguel Tendillo. A nulla servirono i successivi sforzi dei madrileni. La partita rimase inchiodata sull'1-0, risultato che permise al Valencia di salvarsi e all'Athletic Bilbao di conquistare la Liga dopo 28 anni di digiuno.

Dieci giorni piú tardi il Real Madrid ebbe subito una occasione per rifarsi, sfidando l'Aberdeen allo stadio Ullevi di Göteborg nella finale di Coppa delle Coppe. Gli scozzesi erano letteralmente esplosi sotto la guida di Alex Ferguson, riuscendo a interrompere il dominio di Celtic e Rangers Glasgow che durava ininterrottamente dal 1965, ma ciò nonostante il Real Madrid si presentò all'appuntamento come favorita. Il campo, reso pesante dalla fitta pioggia, non aiutò però gli spagnoli, e la gara, dopo il botta e risposta iniziale, si protrasse fino ai supplementari dove venne decisa da un colpo di testa del ventenne scozzese John Ewitt.

Dopo l'amara esperienza in terra svedese, gli spagnoli tornarono in patria a testa bassa. Con l'entusiasmo non certo alle stelle, il Real Madrid affrontò in finale di Coppa del Re il Barcelona, ma anche stavolta a Di Stéfano le cose andarono male: inzuccata vincente di Marcos Alonso al novantesimo ed ennesimo trofeo perso.

Tre titoli mancati di un soffio nel giro di un mese: da un possibile *Triplete* a una stagione da zero titoli. Anzi, a essere precisi, al conteggio delle sconfitte andrebbero aggiunte altre due competizioni: la Supercoppa di Spagna, dove il Real Madrid fu battuto dalla Real Sociedad (vittoria casalinga per 1-0 e sconfitta per 4-0 nel ritorno di San Sebastián), e la Coppa di Lega, una manifestazione che venne disputata solamente fra il 1983 e 1986. Ovviamente anche qui il Real Madrid arrivò fino in fondo per poi perdere contro il Barcellona. Quattro finali, altrettante sconfitte.

Nella stagione successiva il trend non cambiò. In estate il Real Madrid si rinnovò il minimo indispensabile, conservando praticamente l'ossatura della precedente annata. Le uniche novità furono la promozione a tempo pieno in prima squadra del ventiduenne terzino destro Chendo e l'acquisto del regista Juan Lozano, il quale avrebbe dovuto aggiungere fosforo alla linea mediana.

Nato a Coria del Rio, vicino Sevilla, Lozano era cresciuto in Belgio dove la sua famiglia si era trasferita quando lui era bambino. Dopo gli inizi con il Beerschot – formazione adesso scomparsa, ma che negli anni Settanta arrivò a vincere due Coppe del Belgio – Lozano giocò addirittura una stagione negli Stati Uniti, con i Washington Diplomats, prima di approdare all'Anderlecht. Il giocatore fu al centro anche di un episodio curioso: con l'approssimarsi del Mondiale 1982 decise di sposare la causa della nazionale belga, anziché quella spagnola, ma la sua richiesta fu bocciata nientemeno che dal Senato del Belgio. Quelli erano tempi in cui effettuare operazioni del genere non era per nulla facile e ci fu il sospetto che dietro alla naturalizzazione ci fosse la volontà del giocatore di evitare il servizio di leva in Spagna. In realtà i motivi erano prettamente calcistici: a quei tempi era difficile, giocando all'estero, finire nel radar dei selezionatori, e così Lozano credette di poter avere maggiori chance con la nazionale belga. La naturalizzazione sembrava cosa fatta, tant'è che la Panini arrivò a stampare la sua figurina in maglia belga per l'album dei Mondiali. Ma alla fine non se ne fece nulla. A consolare Lozano arrivò però il successo nella Coppa UEFA nel 1983 con l'Anderlecht, competizione nella quale fu uno dei protagonisti. Le sue prestazioni stavolta non passarono inosservate in Spagna: il Real Madrid se lo portò a casa per una cifra tale che all'epoca lo fece diventare l'acquisto più caro della storia del club.

Lozano iniziò subito col piede giusto, andando in rete alla prima giornata, ma purtroppo la sua prima annata in blanco si concluse dopo solamente due mesi per colpa di uno scontro di gioco che gli causò la rottura di tibia e perone. In quel momento della stagione il Real Madrid aveva già inciampato diverse volte, uscendo clamorosamente al primo turno della Coppa UEFA per mano dei cechi dello Sparta Praga. In campionato, poi, gli alti e bassi erano oramai diventati uno standard. Ciò nonostante, la squadra riuscì lentamente a riassestarsi, incamerando un filotto di risultati che la portarono di nuovo in testa alla classifica. Ma, come in quella precedente, anche nella stagione 1983-84 il Real fu costretto a fare i conti con il temibile Athletic Bilbao. A tre giornate dal termine le due squadre si trovarono appaiate in testa, con il Barcelona, distanziato di un solo punto, a fare da terzo incomodo.

Furono tre domeniche vissute al cardiopalma. Un arrivo alla pari avrebbe premiato però i baschi, in virtù dello scontro diretto a loro favore. Di Stéfano sperò fino all'ultimo minuto in un passo falso degli avversari, ma la squadra allenata da Javier Clemente tenne duro infilando tre vittorie di misura, sufficienti per celebrare un altro successo ai danni degli odiati rivali.

Da sempre allenare il Real Madrid viene visto come un incarico a due facce: da un lato il prestigio del club e la possibilità di guidare autentici campioni, dall'altra l'esigenza di dover raccogliere il maggior numero di trofei possibili in un tempo limitato. Arrivare secondi, o perdere con onore, semplicemente non rientra nel DNA del Real Madrid. E Di Stéfano non rappresentò l'eccezione. Rimanere a secco di titoli in due stagioni fu dunque considerato un fallimento, e di conseguenza il club decise di non rinnovargli il contratto.

Di Stéfano accettò mestamente la rimozione dall'incarico. Aveva trovato un club profondamente cambiato, in peggio, soprattutto a livello dirigenziale, e si era reso conto che la sua nomina era stata una mossa politica. Al contrario di vent'anni prima, stavolta non vi furono strascichi polemici ma solo un velo di tristezza per non essere stato in grado di lasciare una impronta vincente nel club anche come allenatore.

Eppure, malgrado l'avventura si fosse conclusa anzitempo, Di Stéfano una impronta l'aveva lasciata eccome. Con la squadra in piena crisi di identità, e con scarse risorse a propria disposizione, l'argentino aveva preso una decisione rilevante, pescando nel vivaio e lanciando in prima squadra alcuni giovani provenienti dal Castilla, la squadra riserve. Quello che Di Stéfano mai si sarebbe immaginato, era che quella scelta avrebbe cambiato da lì a poco la storia sia del Real Madrid che del calcio spagnolo.

AMANCIO E LA QUINTA DEL BUITRE

Il ragazzino rientrò in casa deluso, lo sguardo basso, tipico di chi si sente rassegnato. «Le faremo sapere» gli avevano detto i dirigenti del Real Madrid al termine del provino. Quella risposta lasciava però pochi margini di speranza. Era chiaro che non lo avrebbero più chiamato. Peccato. Era sicuro di valere come calciatore, ma le cose non gli erano riuscite come avrebbe voluto. Difficile farsi notare in mezzo ad altri quaranta ragazzi. E poi, parlando chiaro, perché mai un club professionistico avrebbe dovuto pensare che uno sconosciuto, quasi maggiorenne, che aveva esperienze solo a livello scolastico, fosse migliore di quelli già presenti nel proprio settore giovanile?

A diciassette anni Emilio Butragueño pensò che probabilmente non sarebbe mai diventato un calciatore del Real Madrid. Così, quando un'altra società si presentò alla sua porta, il giovane si trovò incerto su come comportarsi. Perché il club in questione era niente meno che l'Atlético Madrid, i cui dirigenti ebbero fin dall'inizio le idee chiare: un contratto pronto per potersi subito incorporare l'Atlético Madrid C per poi passare alla squadra "B" la stagione successiva. Non fu una decisione facile da prendere. In casa Butragueño si respirava aria di Real Madrid in ogni angolo: il padre lo aveva fatto diventare socio il giorno dopo la sua nascita, e il giovane Emilio aveva vissuto la propria infanzia con un chiodo fisso in testa, quello di indossare anche lui quella preziosa maglia. Adesso quel sogno sembrava però irrealizzabile, mentre all'orizzonte si stava invece materializzando una scelta professionale, quella di unirsi agli storici rivali.

«Figliolo, andrai a giocare nell'Atlético?» gli chiese una sera il padre. Il ragazzo non aveva ancora deciso, ma l'accordo sembrava cosa fatta. Spaventato dalla triste ipotesi di vederlo giocare con il club rivale, il padre iniziò a smuovere mari e monti per fargli avere un'altra chance. Alla fine, tanta insistenza fu premiata. Butragueño riuscì a partecipare a un secondo provino e stavolta vi furono pochi dubbi: nell'aprile 1980 quel ragazzino biondo e mingherlino divenne ufficialmente un giocatore del Real Madrid.

Ma gli esami non erano certo finiti. Ad agosto, infatti, dopo essersi presentato alla preparazione estiva, Butragueño scoprì che non faceva parte di nessuna squadra. In teoria apparteneva al Real Madrid C, ma, mentre i compagni disputavano amichevoli precampionato in tutta Spagna, lui e un'altra manciata di ragazzi si allenavano da soli a Madrid, giocando qualche partitella con squadre dell'hinterland della capitale. Era chiaro che di quel gruppo molti sarebbero stati tagliati. Fu l'allora direttore sportivo Luis Molowny, ex giocatore di Real e nazionale spagnola, a presentarsi in persona sul campo di San Lorenzo de El Escorial per decidere chi sarebbe rimasto e chi no. Nonostante quel giorno fosse stato impiegato nell'inusuale posizione di centrocampista centrale, Butragueño lasciò lo stesso una buona impressione e finalmente fu aggregato al Real Madrid C, squadra che all'epoca disputava il campionato di Tercera División, la quarta serie spagnola.

I primi mesi non furono facili. Impegnato nel servizio militare, Butragueño fu costretto a sdoppiarsi fra caserma e campo da calcio, rimanendo con il Real Madrid C per due stagioni prima che Juan Santisteban, l'allenatore del Castilla, lo facesse debuttare in Segunda División. Butragueño ringraziò, segnando tre reti in sei partite e guadagnandosi così la riconferma per il successivo campionato.

Proprio il passaggio al Castilla rappresentò la pietra miliare della carriera di Butragueño. Fu lì che il giovane attaccante coincise con quattro altri compagni, i quali ben presto sarebbero diventati, come lui, colonne portanti della squadra riserve del Real Madrid.

Il primo fu Míchel, poi arrivarono anche Miguel Pardeza, Manuel "Manolo" Sanchís e Rafael Martín Vázquez, di due anni più giovani. Nel frattempo, il Castilla aveva cambiato la guida tecnica, che era stata affidata ad Amancio Amaro, leggenda del Real a cavallo fra gli anni Sessanta e Settanta. All'improvviso, Amancio si trovò in mano un gruppo di fenomeni che avevano la freschezza della gioventù ma che in campo giocavano come consumati veterani. I risultati arrivarono di conseguenza: nella stagione 1983-84 il Castilla inscenò un emozionante testa a testa con il Bilbao Athletic, e ciò provocò una massiccia affluenza di pubblico allo stadio Bernabéu, dove erano soliti disputare le gare interne il sabato pomeriggio.

La squadra giocava a meraviglia e mieteva gol a grappoli, con un Butragueño capace di metterne dentro ben diciotto nei primi tre mesi di campionato. I tifosi, disillusi dal rendimento altalenante della prima squadra, incominciarono ad affezionarsi a quei giovani rampanti. E così, quando il Real Madrid eliminò a fatica il Barcelona Atlètic, la squadra *filial*[2] del club blaugrana, negli ottavi di Coppa del Re, dalle tribune del Bernabeu partì il coro "Castilla, Castilla, Castilla!": i ragazzi di Amancio si erano infatti imposti nientemeno che sul Valencia di Mario Kempes, guadagnando anche loro il passaggio ai quarti di

---

[2] Nel gergo del calcio spagnolo, le squadre riserve – in alcun caso chiamate squadre B o C, oppure con nomi propri (e.g. Castilla) - sono conosciute come squadre *filial*

finale.

Non furono solo i tifosi ad accorgersi che qualcosa di importante stava bollendo in pentola. Più di un giornalista iniziò a dare un'occhiata a quella squadra, e ce ne fu uno in particolare, Julio César Iglesias, che scrisse un articolo che sarebbe poi passato alla storia. Il pezzo, pubblicato su *El País,* fu intitolato *"Amancio y la quinta de El Buitre"*. Nel mettere in risalto le gesta di cinque giovani promesse, Iglesias riuscì anche a coniare il soprannome che per sempre lì accompagnerà: *"La Quinta del Buitre"*.

Il *"Buitre"* – l'Avvoltoio – in questione era ovviamente Butragueño mentre, letteralmente, la parola *Quinta* era stata presa in prestito dal gergo militare e stava a indicare quel gruppo di reclute che iniziava e concludeva il servizio di leva assieme. Ma Quinta, in spagnolo, ha pure un altro significato. Viene utilizzata spesso per identificare gente della stessa età, e in questo caso fa anche riferimento al numero dei suoi componenti, cinque appunto. Iglesias concluse poi il proprio articolo con una esplicita provocazione, suggerendo infatti a Di Stéfano di scommettere quanto prima su quelle nuove leve.

Castilla e Bilbao Athletic terminarono quel campionato di Segunda División in testa alla classifica, a pari punti, anche se furono Hércules Alicante, Racing Santander ed Elche a venire promosse nella Liga, dato che il regolamento vietava la contemporanea presenza in un campionato di due compagini appartenenti allo stesso club. Il basco Julio Salinas risultò il capocannoniere del torneo con 23 reti, due in più di Butragueño, sebbene all'attaccante del Bilbao Athletic fosse servito l'intero campionato per raggiungere quella cifra, mentre il Buitre aveva già raggiunto le 21 marcature a fine gennaio. La sua ultima apparizione con il Castilla fu infatti datata 29 gennaio 1984: da quel momento infatti Butragueño non avrebbe messo più piede su un campo di Segunda División.

NENE, CALENTÁ

Manuel Sanchís era impegnato in un incontro giovanile contro una squadra tedesca quando fu notato da Paco Gento. L'ex ala sinistra del Real Madrid e della nazionale spagnola rimase impressionato da quel giovanotto dalle folte sopracciglia e dai capelli riccioli. Incuriosito, domandò in giro chi fosse. Gli risposero che si trattava del figlio di un suo ex-compagno di club, Sanchís. «Diventerà forte quanto il padre» sussurrò Gento senza pensarci un secondo.

Manuel Sanchís Senior, di mestiere terzino, era stato un componente del "*Real Madrid de los yé-yé*", il gruppo di giocatori che aveva dato continuità al post-Di Stéfano vincendo quattro campionati e una Coppa dei Campioni negli anni Sessanta. Instancabile e arcigno difensore, Sanchís non disdegnava nemmeno le proiezioni offensive – una novità, o quasi, in quegli anni. Il 1966 fu la sua annata migliore: oltre alla vittoria della Coppa dei Campioni, Sanchís partecipò ai Mondiali d'Inghilterra, dove marcò un gol alla Svizzera, il suo primo e unico sigillo con la Roja, con la quale totalizzò undici presenze complessive.

Sanchís jr era entrato invece nella *cantera* del Real Madrid a 12 anni, iniziando a giocare come mediano prima di convertirsi in un difensore centrale completo: forte sui palloni alti, ferreo nelle marcature, cattivo quando necessario, Sanchís possedeva inoltre una buona tecnica che gli consentiva di uscire palla al piede dalla difesa e impostare l'azione. Qualità che non lasciarono indifferente Di Stéfano, il quale lo fece debuttare in prima squadra il 4 dicembre 1983, con appena diciotto anni, sul campo della Condomina di Murcia. Sanchís si presentò alla grande: a otto minuti dal termine fu proprio lui a marcare il gol della vittoria.

Quel giorno, a Murcia, Sanchís non fu il solo a esordire con la maglia del Real Madrid. Assieme a lui venne infatti promosso titolare anche il centrocampista Rafael Martín Vázquez, considerato l'esteta della Quinta del Buitre. Testa sempre alta, precisione di un geometra, Martín Vázquez era un regista completo che sapeva dialogare di prima, portare palla, saltare l'uomo e illuminare il gioco a proprio piacimento. Il classico genio capace di eseguire sia la giocata facile che quella difficile con la stessa naturalezza.

Con un Real Madrid in crisi d'identità, nonostante il secondo posto in classifica, Di Stéfano pensò bene di testare altri giovani: il 31 dicembre fu il turno di Miguel Pardeza, mandato nella mischia negli ultimi minuti della sfida casalinga contro l'Español. Nato in Andalusia, nella provincia di Huelva, e soprannominato il *"Pitufo"* - il Puffo- per via del fisico minuto, Pardeza era l'unico membro della Quinta del Buitre che non proveniva dalla capitale. Fu una competizione scolastica, precisamente il programma *Torneo*, organizzato dalla televisione *RTVE* e andato in onda dal 1975 al 1979, a far fare a Pardeza il grande salto dalla provincia a Madrid. *Torneo* vedeva le varie scuole sfidarsi in prove di atletica - in una di esse prese parte anche il futuro campione di ciclismo Miguel Indurain - pallavolo e calcetto, e veniva trasmesso ogni sabato mattina. Il programma era diventato un cult fra i ragazzini, e quando Sanchís coincise con Pardeza il giorno del provino, tenutosi al centro sportivo La Chopera, non fece fatica a riconoscerlo: Pardeza era stato nominato il miglior giocatore del programma televisivo.

In uno dei suoi primi articoli sul Castilla, Iglesias aveva paragonato Pardeza a una "lince di Doñana" per via della rapidità e dell'istinto da predatore. Nonostante la bassa statura, Pardeza poteva contare difatti su un fisico esplosivo, e nel rettangolo di gioco era un attaccante scaltro che sapeva abbinare tecnica, velocità e fiuto per il gol. Nelle giovanili ne segnò tanti e, prima dell'arrivo sulla scena di Butragueño, era lui a venir considerato la grande promessa del Real Madrid. Ovviamente, con l'esplosione del Buitre, tutte le gerarchie vennero stravolte.

Così, dopo i debutti di Sanchís, Martín Vázquez e Pardeza, arrivò finalmente il turno anche di Butragueño, convocato per la trasferta di Cádiz. Era il 5 febbraio 1984 e il Real Madrid, come al suo solito, iniziò la gara Cádiz in salita. Gli avversari, ultimi in classifica, partirono a razzo, e nel primo tempo chiusero in vantaggio per 2-0. Il punteggio a sfavore, e un infortunio occorso a Sanchís, costrinsero Di Stéfano a rivedere le scelte iniziali. Nell'intervallo, prima di scendere negli spogliatoi, il tecnico l'argentino si avvicinò a Butragueño.

«*Nene, calentá.*» Ragazzino scaldati.

Butragueño eseguì l'ordine e andò in campo a effettuare gli esercizi di rifinitura. Gli tremavano le gambe dall'emozione, mentre il cuore batteva all'impazzata. Poi, finalmente, l'intervallo terminò. Il Buitre si tolse la tuta, incorporandosi al resto della squadra. Con solo la maglia addosso, il *nene*, come lo aveva chiamato Di Stéfano, non riuscì a dissimulare l'apparente fragilità del proprio corpo. Il fisico mingherlino, i riccioli biondi e la faccia da adolescente: Butragueño assomigliava più un ragazzino pronto a ricevere la cresima che un calciatore al proprio debutto nella Liga.

In campo, però, Butragueño non sembrò troppo distante dai suoi colleghi più grandi. Dopo solo un quarto d'ora fu proprio lui a riaprire la gara, infilando il portiere avversario con un rasoterra dal limite dopo uno scambio con Santillana. Nonostante il gol del giovane debuttante, il Real Madrid faticò di nuovo e fu in grado di acciuffare il pareggio solo al novantesimo, con un colpo di testa di Ricardo Gallego. Mancavano pochi secondi al termine, e in molti considerarono che quel 2-2 fosse anche il punteggio finale. Nessuno aveva però fatto i conti con Butragueño: nell'area di rigore del Cádiz si accese una mischia furiosa, i tiri di Ángel e Juanito che furono respinti in sequenza da Andoni Cedrún, poi, dal nulla, in mezzo alle numerose maglie giallo-blu, spuntò ancora il ragazzino debuttante. Butragueño si avventò come un avvoltoio sulla ribattuta e, con un tocchetto ravvicinato, spedì la palla in rete per il definitivo 2-3.

L'arrivo di Butragueño sulla scena creò una frenetica eccitazione, come se sulla terra fosse appena sceso una sorta di Messia. Immediatamente dopo la gara i giornalisti arrivarono quasi a litigare fra di loro pur di avere una sua dichiarazione in diretta, anche se la cosa non si fermò allo stadio Ramón de Carranza di Cádiz: al rientro in tarda serata, ad attendere Butragueño all'aeroporto di Madrid c'era addirittura il giornalista Matías Prats Luque, il quale all'epoca conduceva la trasmissione serale *Estudio Estadio*. L'attacante del Real Madrid fu praticamente rapito e condotto negli studi televisivi di *RTVE*, dove commentò il proprio debutto. La vita stava iniziando a cambiare drasticamente.

Il Buitre concluse la stagione con quattro reti su dieci partite disputate. In campionato, il Real Madrid perse di nuovo la Liga all'ultimo turno, mentre l'Under-21 spagnola – di cui facevano parte anche Míchel e Sanchís – fu sconfitta nella finale dell'Europeo di categoria per mano dell'Inghilterra. Pochi giorni dopo però, a casa Butragueño suonò il telefono. Emilio non c'era, si trovava infatti all'università, alle prese con un esame. Fu lì che apprese la notizia, quando un giornalista entrò nell'aula, interrompendo la prova in corso: Muñoz, il selezionatore della nazionale, si era infatti trovato nei guai per l'infortunio occorso all'attacante del Betis Sevilla, Poli Rincón, e aveva così deciso di includere Butragueño nella lista dei 22 che avrebbero disputato l'Europeo in Francia.

REMONTADAS

Come negli anni Sessanta, anche vent'anni dopo fu Amancio a rilevare il testimone da Di Stéfano, stavolta non in campo ma bensì in panchina. Una scelta, sulla carta, più che logica: con la Quinta del Buitre in rampa di lancio, il Real decise di affidare la squadra proprio a colui che aveva plasmato quei giovani talenti ai tempi del Castilla.

Dei cinque membri della Quinta, solamente Míchel non era stato chiamato in causa da Di Stéfano nella precedente stagione, cosa che aveva creato alcuni attriti fra il giovane e l'esperto allenatore. Vedendo i propri compagni ottenere chance domenica dopo domenica, Míchel temette per il proprio futuro e pensò persino di andarsene. Il giocatore arrivò addirittura a discutere con Di Stéfano - non certo un tipo che prendeva ordini da un ragazzino – ma venne però liquidato abbastanza bruscamente. In realtà Míchel aveva già esordito con il Real nella stagione 1981-82, andando pure in rete in una gara contro il Castellón, anche se quella era stata una circostanza particolare: per via di uno sciopero dei calciatori professionisti, le squadre erano state costrette a spedire in campo i giovani del vivaio.

Míchel non solo era uno dei gioielli pregianti della *cantera* del Real, ma aveva già fatto parte delle nazionali giovanili spagnole ed era considerato uno dei migliori talenti emergenti in tutta Europa, soprattutto dopo essere stato incoronato nel 1980 - direttamente dal principe Ranieri di Monaco – come miglior giocatore in un torneo disputato a Montecarlo con la nazionale Under-18. Calciatore in grado di abbinare qualità e quantità, Míchel rappresentò il prototipo del centrocampista completo, capace di prendere palla, dettare i tempi della manovra e andare anche lui stesso alla conclusione. La sua posizione preferita era quella di interno di centrocampo, dove poteva stare nel cuore dell'azione, ma la falcata e la precisione nei cross lo portarono a giocare spesso anche come ala destra.

Míchel e l'attaccante argentino Jorge Valdano, prelevato dal Real Zaragoza, furono le uniche due novità di una rosa la cui ossatura rimaneva sempre formata dai veterani Camacho, Santillana, Juanito e Stielike, uomini di riferimento di quel Real Madrid. Valdano in pratica andò a prendere il posto di secondo straniero lasciato libero dalla partenza dell'olandese John Metgod, un difensore centrale dotato di buona tecnica ma troppo lento per il calcio spagnolo. Il Real perse anche il centrocampista Del Bosque, il quale decise di appendere le scarpette al chiodo dopo undici anni di onorato servizio, mentre Pardeza fu l'unico della Quinta che venne lasciato in pianta stabile al Castilla per tutta la stagione. Del Bosque passò direttamente dal campo allo staff tecnico, mentre anche altri ex giocatori furono promossi in differenti ruoli per stagione 1984-85: Ramón Grosso divenne l'assistente di Amancio in prima squadra, con Santisteban che tornò a guidare il Castilla.

Quella che doveva essere, in teoria, una piccola rivoluzione "fatta in casa" si rivelò in realtà una operazione molto più complessa del previsto. Amalgamare la nuova generazione con la vecchia non risultò per niente facile, ed esordire perdendo in casa per 3-0 il *Clásico* contro il Barcelona fu la peggior maniera per Amancio di iniziare la Liga. Gli stenti, poi, si estesero anche in Europa.

Dopo aver liquidato i modesti austriaci del Wacker

Innsbruck, a fine ottobre il Real Madrid affrontò il Rijeka in trasferta per l'andata dei sedicesimi di finale di Coppa UEFA. I croati- allora ancora jugoslavi – impartirono una bella lezione di calcio agli spagnoli, che si trovarono sotto di tre gol già dopo un'ora di gioco. Solo una rete di Isidro Díaz nei minuti finali evitò la figuraccia, riaccendendo le speranze di qualificazione.

Ribaltare il 3-1, nel ritorno del Bernabéu, fu una impresa più difficile del previsto, con l'arbitro Roger Schoeters che si rivelò un prezioso alleato. Nel primo tempo il fischietto belga negò al Rijeka un netto calcio di rigore, prima di espellere il terzino Nikica Milenković per doppia ammonizione. Nella ripresa Schoeters proseguì la direzione di gara a senso unico, e a quindici minuti dal termine rifilò il secondo giallo a Damir Desnica, lasciando gli jugoslavi in nove.

Sordomuto dalla nascita, Desnica fu uno dei pochi professionisti in grado di superare gli ostacoli di quell'handicap e dedicarsi a tempo pieno al calcio. La sua carriera lo portò a giocare anche in Belgio, al KV Kortrijk, e nel 1978 si tolse pure la soddisfazione di essere chiamato dalla nazionale jugoslava. Desnica riusciva a rendersi conto se un arbitro avesse fischiato solo grazie ai gesti dei compagni di squadra o vedendo che gli avversari si fermavano di colpo. In aggiunta, non era in grado di parlare. Schoeters si mostrò spietato nei suoi confronti, ammonendolo prima per perdita di tempo e poi per proteste. Con due uomini in meno, e già sotto di un gol, il Rijeka andò persino vicino al pareggio prima di crollare definitivamente e concedere altre due reti che qualificarono il Real Madrid agli ottavi.

Quella contro la squadra jugoslava fu però solamente la prima di una emozionante e incredibile serie di *remontadas*. Ma se eliminare il Rijeka aveva richiesto uno sforzo speciale, la situazione dopo l'andata degli ottavi risultò alquanto tragica. Il Real Madrid aveva infatti rimediato un pesante 3-0 in casa dell'Anderlecht, una compagine reduce da due finali consecutive della Coppa UEFA, di cui una vinta nel 1983. I belgi avevano una rosa ricca di elementi di spessore: il portiere Jacky Munaron; il difensore Georges Grün; la talentuosa ala sinistra Franky Vercauteren; il bomber Erwin Vandenbergh, Scarpa d'Oro nel 1980 e sei volte capocannoniere del campionato belga; i nazionali danesi Morten Olsen, Frank Arnesen e Per Frimann. A completare il lotto anche il giovane Vincenzo Scifo, un talentuoso centrocampista di origini italiane considerato da molti come il più forte giocatore belga di tutti i tempi.

Cinque punti dietro la capolista Barcelona in campionato, e con un piede fuori dalla Coppa UEFA, Amancio affrontò il suo primo periodo di crisi alla guida del Real. Il mister sembrava non avere le idee chiare, e in mezzo a tanta confusione a farne le spese era stato Butragueño, finito in panchina. Ma con la qualificazione appesa ad un filo, e con lo spettro di un esonero quasi certo in caso di eliminazione, Amancio si giocò il tutto per tutto, riportando il Buitre fra i titolari, schierandolo in un tridente offensivo completato da Santillana e Valdano.

Per Butragueño, in particolare, la sfida contro l'Anderlecht fu un vero e proprio esame. Senza nulla ormai da perdere, il Real Madrid partì subito a razzo e, dopo due soli minuti di gioco, un altro membro della Quinta, Sanchís, aprì le marcature girando in rete di testa un cross di Lozano. All'improvviso, quella squadra tanto sbracata sembrava aver riacquistato la fiducia necessaria a superare le avversità. Grazie alla spinta del pubblico, il Real Madrid incominciò a macinare gioco: i movimenti di Butragueño e le sue combinazioni con Valdano misero continuamente in tilt la difesa belga, e dopo mezz'ora di gioco gli spagnoli si trovarono sul 3-0.

In un raro momento di distrazione, però, l'Anderlecht riuscì a colpire in contropiede con Frimann, riaprendo la qualificazione. Sembrava che la festa fosse rovinata, visto che il Real doveva adesso segnare altri due gol, senza subirne alcuno. I belgi non avevano comunque fatto i conti con Butragueño. A fine primo tempo il Buitre servì a Valdano la palla del 4-1 prima di decidere di completare l'opera tutto da solo: ad inizio ripresa si avventò su una corta ribattuta della difesa ospite sparandola in rete con un tiro potente e preciso; due minuti più tardi, sugli sviluppi di un cross, approfittando di un rimpallo, anticipò tutti, girandosi poi di scatto e scavalcando il portiere in uscita.

Quel 6-1 fu l'apoteosi. Tutto lo stadio venne ai suoi piedi. *"Buitre, Buitre, Buitre!"* intonarono a squarciagola gli eccitati spettatori del Bernabéu. Veloce e imprevedibile; calmo e spietato; metà angelo e metà assassino. Quella sera il resto dell'Europa si accorse di Butragueño. E da quel momento in poi, la sua titolarità non sarebbe mai più stata messa in discussione.

Con il distacco dalla capolista Barcelona oramai troppo ampio da poter essere ricucito, il Real Madrid ben presto fissò la Coppa UEFA come unico obbiettivo stagionale. In marzo i blancos superarono nel doppio confronto il Tottenham, conquistando le semifinali. Stavolta non servì nessuna rimonta, e l'autogol di Steve Perryman nella gara del White Hart Lane fu sufficiente per decidere la sfida. Ma il sereno, in casa Real, durò solo pochi giorni, e la posizione di Amancio tornò a essere di nuovo traballante, specialmente dopo la sconfitta rimediata a San Siro nella semifinale d'andata di Coppa UEFA contro l'Inter.

I nerazzurri si erano imposti per 2-0, e solo le parate del portiere Miguel Angel avevano evitato una disfatta di ben altre proporzioni. I giocatori del Real Madrid comunque, nonostante l'amarezza per la sconfitta rimediata, avevano pensato bene di approfittare della trasferta italiana per spassarsela un po'. Una volta rientrati in hotel, alcuni di loro organizzarono un festino che si protrasse fino a notte fonda. La notizia tardò qualche giorno nel diffondersi, ma, quando fu data in pasto alla stampa spagnola, ebbe l'effetto di una tanica di benzina lanciata su un fuoco ardente: Juanito e Lozano, i presunti ideatori della festa, furono momentaneamente sospesi, mentre Amancio pagò per tutti con l'esonero.

Quinti nella Liga, eliminati in Coppa del Re, battuti per 4-0 in casa dall'Atlético Madrid, e adesso pure con un piede e mezzo fuori dalla Coppa UEFA, erano veramente pochi gli alibi su cui l'allenatore poteva fare affidamento. Il suo doveva essere l'inizio di una nuova epoca, invece l'avventura sulla panchina dei blancos si interruppe al settimo mese, con lo spogliatoio diventato oramai ingestibile e i risultati insoddisfacenti. La squadra venne così affidata al direttore sportivo Molowny, il quale oramai si era specializzato, spesso con ottimi risultati, nel fare da traghettatore fra una gestione e l'altra.

MIEDO ESCÉNICO

Tralasciando l'inopportuno festino, dopo la gara fra Inter e Real Madrid era successo un altro fatto curioso. Indispettito dai cori e dalle urla di gioia dei giocatori nerazzurri, Juanito, nel rientrare nel proprio spogliatoio, si era fermato di colpo e aveva cambiato direzione, puntando invece verso quello riservato alla squadra italiana. Il giocatore andaluso era un tipo molto impulsivo e difficilmente pensava più di un secondo prima di fare qualcosa. Anche quella volta agì seguendo il proprio istinto. Arrabbiato per la sconfitta, con il sangue in ebollizione, quella celebrazione spudorata non gli era andata giù.

«Noventa minuti en el Bernabéu son molto longos».

Nonostante l'italiano molto arrangiato, improvvisato al momento, il messaggio lanciato da Juanito ai nerazzurri era stato chiaro: il ritorno sarebbe stato tutt'altra musica.

Quell'avvertimento non fu però recepito con la dovuta attenzione. In fin dei conti con l'Inter giocavano ben quattro campioni del mondo, e uomini del calibro di Karl-Heinz Rummenigge e Liam Brady, navigati giocatori di esperienza internazionale, non si facevano certo intimidire così facilmente. La gara di ritorno, malgrado quel pittoresco avvertimento, avrebbe dovuto essere solamente una formalità per i nerazzurri.

Con Butragueño assente per infortunio, e Juanito relegato in panchina per punizione, fu stavolta il giovane Francisco Pineda a supportare in attacco Valdano e Santillana. Come successo contro l'Anderlecht, il Real Madrid partì a tutto gas, mentre l'Inter commise un errore fatale, quello di rintanarsi e badare principalmente a difendersi. Il centravanti Santillana, nonostante i 32 anni, era uno che amava ancora esaltarsi nelle notti europee, e proprio una sua doppietta riequilibrò le sorti della sfida già a fine primo tempo. Nella ripresa poi fu Míchel a salire in cattedra. Il centrocampista prese per mano la squadra, marcando il gol decisivo alla qualificazione, freddando Walter Zenga con un tremendo diagonale per il definitivo 3-0. A nulla servì il ricorso presentato dall'avvocato nerazzurro, Beppino Prisco: Giuseppe Bergomi era stato infatti costretto ad uscire dal campo dopo essere stato colpito da un oggetto lanciato dagli spalti, probabilmente una monetina. L'UEFA confermò invece il verdetto del campo. Il Real avrebbe così disputato la finale.

Ma come era possibile che una squadra tanto esperta come l'Inter si fosse squagliata come un ghiacciolo al sole, così come era successo qualche mese prima all'Anderlecht? Valdano, personaggio sempre colto e raffinato, prese per l'occasione in prestito le parole dello scrittore colombiano Gabriel García Márquez per spiegare quel fenomeno. Secondo lui, le squadre che arrivavano al Bernabéu soffrivano il *"Miedo Escénico"*, la "paura del palcoscenico". Di fronte a oltre ottantamila spettatori, gli ospiti iniziavano fin da subito a sentire la pressione dell'ambiente. L'aggressivo comportamento di pubblico e giocatori spagnoli contribuiva poi ad aumentare le loro insicurezze. La partita, per i giocatori del Real, iniziava già nel tunnel degli spogliatoi: grida, provocazioni, e in alcuni casi anche minacce e sputi verso gli avversari, erano solite far da prologo alla gara. Una volta in campo, la tattica adottata era invece quella di attaccare con impeto fin dal principio.

La prima rimessa laterale, il primo calcio d'angolo e il primo tiro in porta dovevano essere del Real Madrid. I giocatori spagnoli sapevano anche come e chi colpire. Falli, spesso violenti, venivano commessi verso gli avversari più talentuosi, mentre fin dalle battute iniziali l'arbitro veniva circondato in ogni occasione possibile, con lo scopo di influenzarlo a proprio favore. E quasi sempre ci riuscivano.

Abituati ad affrontare avversari di una certa caratura europea, per il Real Madrid fu una vera sorpresa trovarsi di fronte gli ungheresi del Videoton nella finale di Coppa UEFA. Basata nell'impronunciabile città di Székesfehérvár, circa 60 km a sud-ovest di Budapest, il nome della squadra proveniva dall'omonima azienda di componenti elettronici, padrona del club dal 1968. Risultava difficile comunque decifrarne il valore esatto: il calcio ungherese era già da anni entrato in un periodo di anonimato, specialmente a livello di club, ma il Videoton in quella Coppa UEFA poteva contare su scalpi importanti. Gli ungheresi avevano difatti eliminato sia i francesi del PSG - battuti per 4-2 al Parco dei Principi- che il Manchester United, quest'ultimo superato nei quarti di finale ai calci di rigore. Il centravanti József Szabó, poi, fu anche il massimo capocannoniere di quella edizione della Coppa UEFA – davanti a gente del calibro di Marco van Basten e Rumenigge – anche se l'attaccante non fu mai convocato dall'Ungheria. Dei quattro elementi di solito nel giro della nazionale magiara, solo il barbuto portiere Péter Disztl era un giocatore di discreto livello.

Come previsto, l'andata fu a senso unico. In Ungheria fu ancora Míchel a trascinare gli spagnoli, siglando prima la rete del vantaggio e poi confezionando gli assist per le marcature di Valdano e Santillana. Con la coppa già virtualmente vinta, senza un obbiettivo particolare, nella gara di ritorno il Real Madrid entrò in campo svogliato, deludendo il proprio pubblico, ormai troppo abituato a rimonte thriller ed emozioni infinite per poter apprezzare quella formalità.

Il Videoton ne approfittò: Disztl parò un rigore a Valdano e nel finale, su dormita della retroguardia spagnola, Lajos Májer infilò Miguel Ángel, firmando uno storico successo. Il Real Madrid vinse la sua prima Coppa UEFA, ma il trofeo venne festeggiato quasi con indifferenza. *"El campeón puso un toque de sinsabor a su fiesta"*, titolò *El País* il giorno seguente, aggiungendo che in quella stagione il Real Madrid aveva fatto tutto il contrario di quello che ci si aspettava. Nel bene e nel male.

JUANITO E SANTILLANA, I PADRINI DELLA QUINTA

Oltre al primo trofeo conquistato, Butragueño arrivò a fine stagione 1984-85 con 14 reti complessive, mentre Míchel e Sanchís ne misero a segno 5 a testa. Dei membri della Quinta, solo Martín Vázquez non fu sempre titolare, anche se il centrocampista riuscì lo stesso a figurare in 18 gare complessive. Pardeza invece confermò le proprie doti di bomber risultando il capocannoniere stagionale del Castilla, con la squadra che arrivò quinta nella Segunda División. Tuttavia, con l'acquisto del centravanti messicano Hugo Sánchez, Pardeza vide le proprie chance di giocare in prima squadra ridotte ulteriormente, e per il campionato successivo accettò la proposta di andare al Real Zaragoza in prestito.

L'estate 1985 vide numerosi cambiamenti nel Real Madrid. Mendoza diventò il nuovo presidente, Molowny fu confermato alla guida, e nel mercato estivo, oltre a Sánchez, arrivarono altre due pedine di spessore: il roccioso difensore Antonio Maceda e l'instancabile laterale sinistro Rafael Gordillo, entrambi nazionali spagnoli. Come previsto, Lozano e Stielike fecero le valigie. Mendoza non solo acquistò nel mercato, ma una delle sue prime operazioni fu rinnovare il contratto di Butragueño.

All'epoca i giovani promossi dal settore giovanile alla prima squadra ricevevano un contratto base del valore di 3 milioni di pesetas annuali (circa € 18.000 attuali) della durata di tre anni. Butragueño aveva invece insistito nel firmare per sole due stagioni, e questo significava che si sarebbe liberato nell'estate 1986, giusto dopo i Mondiali. Secondo le notizie di mercato dell'epoca, Barcelona, Inter e Milan fecero recapitare delle offerte faraoniche, ma il presidente intervenne in tempo. Non che a Butragueño servissero troppe motivazioni per rimanere, comunque. Il Buitre accettò così un contratto di cinque stagioni, con un adeguato aumento di stipendio, anche se probabilmente finì per guadagnare meno di quanto gli era stato promesso dalle altre squadre.

Con la squadra rinforzata a dovere, il Real Madrid iniziò la stagione col piede giusto, e a fine di novembre la squadra si trovò in testa alla Liga, seppur con un solo punto di vantaggio sul Barcelona. In Coppa UEFA, però, il copione sembrò non essere cambiato, visto che il Real Madrid esordì con una sconfitta in terra greca (1-0) contro l'AEK Atene prima del consueto show del Bernabéu (5-0). Superati a fatica i russi del Chernomorets, il Real Madrid fu poi sorteggiato negli ottavi di finale contro il Borussia Mönchengladbach, rivale che non era più lo squadrone degli anni Settanta, ma che incuteva lo stesso un certo timore. Allenata da Jupp Heynckes, la compagine tedesca era composta da giocatori esperti, molti dei quali nel giro della nazionale della Germania Ovest: il difensore Uli Borowka, il trequartista Uwe Rahn, il centravanti Frank Mill e soprattutto il terzino sinistro Michael Frontzeck, le cui scorribande sulla fascia convinsero Molowny a schierare Martín Vázquez esterno destro, con il compito di tenere in allerta l'avversario. In compenso, Butragueño, Santillana e Juanito furono tutti lasciati in panchina a fare da spettatori.

Sulla carta il piano poteva avere anche una logica, quella di stare compatti e contenere gli avversari. In pratica, però, l'assetto difensivo del Real Madrid resse solo mezz'ora. Sotto una abbondante pioggia, alternata a neve, Frontzeck fece i suoi comodi sulla sua fascia, mentre davanti i movimenti di Mill e Rahn mandarono completamente in tilt la difesa spagnola. Giá avanti 2-0 nel primo tempo, il Borussia Mönchengladbach aggiunse altre due reti ad inizio ripresa: solo allora, sul 4-0, Molowny reagì. Il tecnico mandò in campo sia Butragueño che Santillana, nel disperato tentativo di rimediare. Gordillo accorciò le distanze, ma, gettandosi tutto all'attacco, il Real Madrid diventò vulnerabile al contropiede. A otto minuti dal termine lo scatenato Mill prese palla fuori area, saltò due difensori e servì una palla rasoterra per l'accorrente Ewal Lienen, che da due passi firmò il 5-1 finale.

La sconfitta riaprì vecchie ferite. Stavolta la missione sembrava tutto tranne che possibile. La stampa spagnola tentò di risollevare l'ambiente, richiamando alla mente degli sportivi le recenti rimonte, ma con le assenze per squalifica di Chendo, Gordillo e Sánchez, e quella per infortunio di Sanchís, le speranze erano ridotte all'osso. Molowny decise allora di aggrapparsi di nuovo alla vecchia guardia, affidandosi allo spirito trascinatore dei vari Camacho, Santillana e Juanito per risollevare una squadra condannata a una quasi certa eliminazione.

Nativo di Fuengirola, in Andalusia, Juanito – all'anagrafe Juan Gómez González - era sbarcato a Madrid a 15 anni dopo essere stato scovato da un osservatore dell'Atlético. La sua carriera con i colchoneros però non decollò mai: nel 1973, in una amichevole contro il Benfica, si ruppe la tibia, e il club decise di disfarsene cedendolo al Burgos, squadra di Segunda División. Il frettoloso accantonamento non fu però digerito bene dal giocatore che si legò al dito quell'affronto, segnando l'Atlético nella lista degli acerrimi amici. Juanito non solo recuperò alla grande dall'infortunio, trascinando di nuovo il Burgos in Primera, ma divenne pure uno dei migliori talenti spagnoli. Così, quando il Real Madrid si fece avanti nel 1977, non ci pensò due volte nel firmare con i blancos, diventando di fatto l'ultimo acquisto effettuato dal presidente Bernabéu prima della sua scomparsa.

A Madrid, il talento di Juanito sbocciò definitivamente. Attaccante scaltro, solito partire dalla fascia destra per poi convergere al centro, Juanito era dotato di una tecnica sopraffina, saltava l'uomo con estrema facilità, era freddo sotto porta ma non disdegnava nemmeno l'assist per il compagno: la sua partnership con il centravanti Santillana fece la fortuna del Real per molti anni, ed entrambi furono colonne portanti della nazionale spagnola in quel periodo. Quello che faceva di Juanito un giocatore assolutamente speciale era comunque la sua maniera di vivere la gara: passionale, dotato di classe ed estro, Juanito ben presto diventò il giocatore più amato dai tifosi madridisti, che lo ribattezzarono *Juanito Maravilla*.

Il tallone d'Achille di Juanito risiedeva però nel suo carattere. L'indole ribelle, l'esuberanza e l'eccessiva impulsività lo portarono a litigare praticamente con tutti, avversari, tifosi, arbitri e giornalisti. Nel 1977, allo stadio Maracanà di Belgrado, dopo un suo gestaccio verso il pubblico jugoslavo, fu centrato in testa da una bottiglia di vetro, mentre un anno dopo aggredì un guardialinee durante una gara di Coppa UEFA e si beccò due anni di squalifica in Europa. Nemmeno i compagni di squadra erano immuni alle stravaganze di Juanito e, mentre gli spagnoli chiudevano un occhio, il tedesco Stielike non riuscì mai ad andarci d'accordo.

Bizzarrie a parte, la più grossa dote che Juanito possedeva era l'incredibile capacità di caricare pubblico e compagni nei momenti più difficili, caratteristiche che lo fecero diventare il giocatore simbolo del madridismo di quegli anni. Se Butragueño era il rappresentante del calcio artistico e raffinato, Juanito era il tipico giocatore "anima e cuore" dotato sia di classe che di *furia*. I tifosi non lo hanno mai dimenticato, nemmeno dopo la sua morte, avvenuta nel 1992 a seguito di un incidente stradale.

Oggigiorno la memoria di Juanito viene omaggiata in ogni partita casalinga, quando al minuto sette - il suo numero di maglia - dagli spalti è solito alzarsi un coro in suo onore. Il ricordo è diventato una specie di talismano e lo "spirito di Juanito" viene sempre chiamato in causa ogni qual volta che al Real Madrid serve un'impresa epica, con il suo *"Noventa minuti en el Bernabéu son molto longos"* immancabilmente a fare da contorno.

Contro il Borussia, Molowny non si fece scrupoli nello schierare una formazione ultra-offensiva, con Juanito alle spalle del tridente composto da Santillana, Valdano e Butragueño, mentre al difensore centrale Maceda fu concessa la libertà di sganciarsi nella metà campo avversaria non appena si presentava l'occasione. I tedeschi soffrivano tremendamente nel gioco aereo, e così il Real Madrid iniziò fin da subito a fiondare cross in area. Tattica che diede immediatamente i suoi frutti: dopo venti minuti, il punteggio era già di 2-0, con Juanito che aveva fornito due assist vellutati, entrambi corretti in rete da Valdano.

Intervistato nel 2013 dalla rivista tedesca *11 Freunde*, l'ex giocatore del Borussia Christian Hochstätter fu chiaro ed esplicito nel rievocare quella notte. Il centrocampista tedesco non fece mistero di come la gara fosse persa fin dal fischio d'inizio, ammettendo poi che sia lui che i suoi compagni erano scesi in campo impauriti dall'ambiente ostile e dagli avversari carichi a mille. Sotto di due reti, i tedeschi provarono infatti a riorganizzarsi, ricorrendo al gioco maschio e sparando più volte la palla in tribuna, nella speranza che al Real Madrid si esaurissero le energie. Gli spagnoli invece, continuarono ad attaccare a testa bassa. Trascinati dall'indomito Juanito, si riversarono di nuovo tutti all'attacco, anche se il tempo sembrava scorrere troppo velocemente e servivano ancora altri due gol. Fu allora che apparve Santillana.

Abile colpitore di testa, nonostante i "soli" 175 cm di altezza, Santillana è stato uno dei più prolifici bomber del calcio spagnolo, con oltre 300 reti segnate in carriera, di cui

176 nella Liga. A trentatré anni aveva perso un po' il fiato, e il posto da titolare, ma nelle notti europee rimaneva sempre un giocatore affidabile e generoso. Toccò a lui completare la rimonta, prima con un magistrale tiro al volo, e poi con un gol di rapina, a pochi secondi dalla fine. Sul 4-0 lo stadio esplose di gioia. Nel recupero Juanito venne sostituito, e nell'uscire dal campo iniziò a saltare come un grillo, pugni al cielo, mentre dalle gradinate partì il coro «*Illa, illa, illa, Juanito maravilla*». Un'altra *remontada*, un'altra leggendaria notte europea da aggiungere alla storia del club, era stata appena completata.

La vittoria sul Borussia Mönchengladbach servì a dare al Real Madrid una incredibile iniezione di fiducia. Nelle diciassette partite seguenti, Butragueño e compagni ottennero sedici vittorie e un pareggio, prima di interrompere la propria striscia positiva sul campo del Las Palmas a fine marzo, quando il campionato era matematicamente già vinto. Il Barcelona non aveva resistito all'impressionante ritmo, e ben presto i blaugrana avevano abbandonato le velleità di ritenere il titolo, concentrandosi invece sulla Coppa dei Campioni. Alla fine, furono ben undici i punti di distacco fra le due squadre, con il Real Madrid che si laureò campione di Liga dopo sei anni di digiuno.

NOVENTA MINUTI EN EL BERNABÉU
SON MOLTO LONGOS

Con la Liga già in tasca, il Real Madrid avanzò ancora in Coppa UEFA: dopo aver eliminato nei quarti gli svizzeri del Neuchâtel Xamax, in semifinale gli spagnoli vennero di nuovo sorteggiati contro l´Inter. I nerazzurri avevano essenzialmente conservato l'ossatura della stagione precedente, a cui erano stati aggiunti il centrocampista Marco Tardelli e l'ala Pietro Fanna, quest'ultimo fresco vincitore di uno storico scudetto con la maglia del Verona. Ma l'annata non era risultata semplice: esonerato Ilario Castagner, era toccato a Mario Corso, promosso dal settore giovanile, il compito di traghettare l'Inter fino a fine campionato, in attesa dell'arrivo di Giovanni Trapattoni previsto per la successiva stagione. Ma se in Serie A i nerazzurri si trovavano in lotta con il Milan per il quinto posto, in Europa le cose erano tutte andate per il verso giusto, e adesso era arrivata l'occasione di vendicare la cocente eliminazione rimediata dodici mesi prima.

Complice alcune assenze in difesa, a Milano Molowny fu costretto di nuovo a modificare l'assetto tattico: Gallego venne arretrato al ruolo di libero, Juanito passato in cabina di regia in mezzo al campo, mentre a Chendo, usualmente terzino destro, fu chiesto di marcare a uomo Brady. Míchel venne perciò costretto a operare su tutta la fascia destra, in un ruolo che i giornali spagnoli chiamarono polemicamente *"falso dos"*, un "falso due", perché ovviamente Míchel era tutto tranne che un terzino.

All'Inter bastarono pochi secondi per capire che il Real Madrid non fosse schierato bene e che avrebbe sofferto nella zona centrale. Con Chendo portato a spasso da Brady, con Míchel declassato in fascia, Juanito rimase in pratica da solo in mezzo: per tutte le qualità tecniche di cui era in possesso, il fantasista andaluso non era certo un mediano incontrista. Così, alla prima azione di gioco, il Real capitolò: sponda di testa di Rumenigge, e perfetto inserimento da dietro di Tardelli, ovviamente non seguito da nessun avversario.

Sotto di una rete, il Real Madrid provò subito una reazione, sebbene la manovra spagnola si sviluppò più a seconda dell'istinto dei propri interpreti che attraverso un preciso copione. L'indomito Míchel centrò una traversa con un tiro dal limite, ma nel complesso l'Inter si trovò a proprio agio nel difendere. Giuseppe Baresi, Bergomi e Riccardo Ferri furono strepitosi nelle marcature, e nella ripresa i nerazzurri, con un'azione molto simile al primo gol, colpirono ancora. Su un cross di Altobelli, Rumenigge anticipò tutti buttando giù sia il portiere che un paio di difensori spagnoli: per l´accorrente Tardelli fu un gioco da ragazzi mettere dentro a porta vuota.

La gara perfetta dell'Inter venne però macchiata da una rara distrazione difensiva, sulla quale Valdano trovò il guizzo per accorciare le distanze. La gioia madrilena durò comunque un solo minuto: il difensore José Antonio Salguero, in un goffo tentativo di liberare, svirgolò il rinvio spedendo così la palla all'interno della propria porta per il definitivo 3-1.

La nuova sconfitta esterna non sembrò demoralizzare troppo il Real Madrid, il cui recente rullino di marcia casalingo era stato assolutamente spaventoso. Se gli spagnoli avevano il mal di trasferta, su dieci incontri disputati nelle ultime due edizioni di Coppa UEFA, solo il Tottenham e il Videoton erano riusciti nell'impresa di non perdere al Bernabéu. Gli ungheresi erano stati poi gli unici a battere a domicilio il Real, in una partita il cui esito fu peraltro ininfluente, visto il 3-0 dell'andata. I numeri poi parlavano chiaro: 31 gol fatti e solo 3 subiti. E in campionato, nelle gare giocate nel proprio stadio, il Real aveva addirittura fatto filotto completo: 17 vittorie su altrettanti incontri casalinghi.

Di fronte a tali numeri, con la ferita della precedente eliminazione ancora aperta, l'Inter scese in campo al Bernabéu convita che quella sarebbe stata una battaglia senza esclusione di colpi. E, come previsto, il Real partì con la consueta foga, anche se stavolta gli spagnoli faticarono più del previsto ad aprire una breccia nella retroguardia nerazzurra. L'Inter, al contrario dei tedeschi del Borussia Mönchengladbach, poteva infatti contare sulla presenza di ottimi saltatori in difesa, e ben presto il Real Madrid si accorse che la strategia di bombardare l'area avversaria con palloni alti non avrebbe funzionato. Serviva un piano B.

Con Sánchez e Santillana resi innocui dalle strette marcature, furono di nuovo gli esponenti della Quinta, Butragueño e Míchel, a salire in cattedra. Con uno strepitoso Gallego al proprio fianco, Míchel entrò subito nel vivo del gioco, svariando su tutta la metà campo avversaria a supporto degli attaccanti, e fu proprio una sua azione personale a propiziare il rigore che consentì al Real di aprire le marcature.

Il penalty segnato da Sánchez risultò una liberazione per il Real: l'Inter, infatti, oltre a difendersi con ordine, si era infatti resa pericolosissima in contropiede, sfiorando pure il gol. Andrea Mandorlini, in una rara sortita offensiva, aveva calciato malamente addosso al portiere Agustín Rodríguez, mentre Bergomi aveva addirittura centrato un palo con un tiro dal limite. Tuttavia, il fatto che l'Inter affidasse le sortite offensive ai propri difensori, non era un buon segno. Altobelli fin dall'inizio era stato preso di mira dai difensori spagnoli: zoppicante, "Spillo" venne sostituito ad inizio ripresa da Giampiero Marini, un centrocampista, mentre Rumenigge stava giocando a mezzo servizio, per colpa dei suoi soliti guai muscolari.

Così, quando Gordillo segnò il 2-0 a inizio ripresa, la gara sembrò definitivamente risolta. Ma i nerazzurri non erano venuti a Madrid a fare le comparse e rialzarono immediatamente la testa. Bergomi, improvvisatosi regista, vide con la coda dell'occhio l'inserimento di Collovati, un altro difensore in avanscoperta, e con un passaggio calibrato lo mise davanti al portiere. Míchel, in colpevole ritardo nella chiusura, non poté far altro che strattonarlo e buttarlo giù. L'irlandese Brady si presentò sul dischetto e, infischiandosene dei fischi assordanti del pubblico, sparò la palla sotto la traversa.

Con quel momentaneo 2-1 i nerazzurri erano virtualmente in finale. Ma, come Juanito aveva tentato di spiegare dodici mesi prima, novanta minuti nel Bernabéu erano molto lunghi… Dopo Míchel, stavolta toccò a Butragueño a indossare i panni del protagonista. Defilato in area, il Buitre eseguì una delle sue classiche giocate: finta, frenata improvvisa e brusco cambio di direzione. Il tutto muovendosi in punta di piedi, come un ballerino di tip-tap. Tardelli tentò l'anticipo, ma il nerazzurro trovò, al posto della palla, i piedi dell'attaccante spagnolo. Un altro rigore, il terzo della serata, che Sánchez si incaricò nuovamente di battere, firmando così il 3-1 che mandò la sfida ai supplementari.

Con Altobelli già negli spogliatoi, l'Inter perse anche l'altro attaccante rimasto in campo, visto che pure Rumenigge fu costretto ad uscire. Corso buttò allora dentro Daniele Bernazzani, un difensore, piazzandolo a centrocampo. I nerazzurri si trincerarono dietro, sperando di resistere fino ai calci di rigore. Ma il fortino, nonostante l'eroica prestazione della difesa, col passare dei minuti iniziò a dare segnali di cedimento. Era chiaro che la minima distrazione sarebbe costata cara.

Santillana, la bestia nera nerazzurra per eccellenza, era rimasto un po' in ombra durante la serata. La sua era stata una gara difficile, passata a sgomitare in area contro difensori che non gli avevano concesso nemmeno un centimetro. Il cantabrico era però un volpone, uno che faceva dell'area di rigore il proprio habitat: sapeva che prima o poi l'occasione sarebbe arrivata e che lui si sarebbe fatto trovare puntuale. E infatti fu proprio lui ad anticipare Zenga, uscito clamorosamente fuori tempo, e infilare di testa il 4-1.

Il gol subito fu una botta tremenda per l'Inter. Fanna stava zoppicando vistosamente causa uno stiramento, mentre a Mandorlini saltarono i nervi: il difensore entrò a kamikaze su Míchel rimediando così un sacrosanto rosso diretto. Nonostante l'inferiorità numerica, i nerazzurri si gettarono in avanti, lasciando però delle immense praterie nella propria metà campo. Così, a dodici minuti dalla fine dei supplementari, l'indomito Butragueño avviò un micidiale contropiede che venne poi concluso in rete dal solito Santillana, dopo una bella sovrapposizione di Sánchez. Gol che condannò l'Inter a un'altra umiliante eliminazione, e che spedì il Real Madrid in finale, dove avrebbe affrontato i tedeschi del Colonia.

PADRONI DELLA COPPA UEFA

Mentre il Real Madrid era stato costretto a compiere l'ennesima *remontada* per raggiungere la finale, i tedeschi del Colonia avevano già archiviato la pratica dopo la semifinale d'andata, vinta per 4-0 sui belgi del Waregem. Nonostante un deludente campionato di Bundesliga, i *Geißböcke* - i Caproni, per via della mascotte del club – in Coppa UEFA erano stati capaci di avanzare senza grossi intoppi, e stavolta in finale il Real Madrid avrebbe affrontato un avversario di tutt'altro calibro rispetto ai carneadi del Videoton. Il Colonia poteva contare infatti su una rosa con nomi di alto rango, come il portiere della nazionale tedesca Harald Schumacher, lo scaltro attaccante Pierre Littbarski, il raffinato centrocampista Uwe Bein e il centravanti Klaus Allofs, capocannoniere di quell'edizione della Coppa UEFA. A completare il lotto anche un giovanissimo Thomas Hässler e un nutrito gruppo di mestieranti con esperienza da vendere. Tuttavia, il vero problema per il Real non sarebbe stato di carattere tecnico, bensì psicologico.

Chiamato a rimontare, nelle precedenti eliminatorie il Real Madrid era sempre sceso in campo con un obbiettivo ben preciso. E, nonostante l'asticella sembrava alzarsi a ogni gara, gli spagnoli conseguivano puntualmente il risultato necessario. Ma stavolta era diverso. L'andata si sarebbe giocata al Bernabéu. Poteva, l'assenza di uno specifico obbiettivo, togliere interesse alla partita e magari demotivare i giocatori? In caso di vittoria, quale punteggio sarebbe stato ritenuto sufficiente in vista del ritorno, conoscendo il mal di trasferta del Real? Il pubblico, abituato ad emozioni a non finire e rimonte impossibili, come si sarebbe comportato?

Quel Real Madrid era indubbiamente una squadra che aveva bisogni di stimoli per attivarsi e, dopo mezz'ora di gioco soporifera, finalmente arrivò la sveglia. Allofs, con una disarmante facilità, si incuneò in mezzo alla difesa spagnola, e una volta arrivato al limite dell'area lasciò partire un tracciante sul quale Agustín non poté nulla. Il vantaggio del Colonia fu la doccia fredda che servì a spronare il Real Madrid, fino a quel momento troppo imbambolato. Gli spagnoli risposero con la solita foga e, malgrado un po' di confusione, ottennero ben presto che il Colonia si chiudesse in area. La difesa, che in Bundesliga aveva incassato ben 59 reti, si dimostrò il tendine d'Achille dei tedeschi. Al Real bastarono due punizioni laterali calciate entrambe da Juanito, e corrette in rete da Sánchez e Gordillo, per ribaltare il risultato. Ad inizio ripresa fu invece Butragueño a propiziare il 3-1: cross del Buitre, spizzata di Gordillo, difesa tedesca di nuovo in tilt, e palla messa dentro da un indisturbato Valdano.

Dopo la terza rete madrilena la gara entrò in stallo. Il Real sembrava sazio mentre ai tedeschi stava quasi bene così. Tuttavia, Molowny non era convinto che due gol di scarto sarebbero bastati. Nel dubbio, il mister canario fece una mossa insolita e rischiosa. A otto minuti dal termine decise di togliere un centrocampista, Martín Vázquez, e buttò dentro una punta, Santillana. Nove allenatori su dieci, in quella situazione avrebbero messo un difensore, oppure un pari ruolo, con l'intento di neutralizzare il match. Invece Molowny optò per rischiare il tutto per tutto. La sua sagacia fu ripagata immediatamente: Valdano e lo stesso Santillana perforarono nuovamente la retroguardia tedesca, mettendo il sigillo a un'altra leggendaria notte europea. Con un 5-1 a proprio favore, la trasferta in Germania adesso faceva molta meno paura.

Molowny ci aveva visto giusto. La gara di ritorno, sul neutro di Berlino, fu tutt'altro che una passeggiata. I tedeschi decisero di utilizzare le maniere forti, e la loro tattica fu chiara fin dal principio. Il primo a farne le spese fu Sánchez, costretto a uscire in barella a seguito di un intervento killer di Littbarski. L'infortunio mise pure a serio rischio la partecipazione del centravanti messicano ai Mondiali che si sarebbero disputati il mese successivo: Sánchez recuperò in tempo, sebbene l'incidente gli impedì di arrivare alla competizione in piena forma. In mezzo a tanti calci e fallacci, con un fin troppo permissivo arbitro, anche la tattica del Real apparì fin da subito chiara: difendersi per non perdere con quattro gol di scarto.

La foga del Colonia diede i suoi frutti a metà primo tempo, quando Bein incornò di testa un cross di Olaf Janssen. Gli spagnoli furono bravi a limitare i danni, grazie anche ad alcuni buoni interventi del portiere Agustín, così, quando a venti minuti dal termine arrivò il 2-0, i tedeschi avevano già dato tutto. La loro spinta si affievolì con il passare dei minuti e la Coppa UEFA finì, per il secondo anno consecutivo, nella bacheca del Real Madrid.

Fu un'annata trionfale per tutta la Quinta del Buitre: anche Pardeza, l'unico ad aver giocato altrove, si era portato a casa un trofeo, la Coppa del Re vinta con la maglia del Real Zaragoza. Ma la stagione non si concluse lì. Quell'anno vi erano i Mondiali in Messico e sia Butragueño che Míchel furono convocati da Muñoz. E probabilmente, se non si fosse infortunato a una caviglia, anche Sanchís sarebbe stato chiamato a far parte della Furie Rosse.

MUNDIAL

Come il Real Madrid, e la Spagna in generale, anche la nazionale spagnola si trovava in una fase di transizione. Il fiasco del Mondiale casalingo del 1982 aveva imposto un cambio al timone, e la squadra era stata affidata al leggendario Muñoz, il quale aveva avviato, non senza difficoltà, un doveroso processo di ricostruzione.

Muñoz era stato un'icona del calcio spagnolo ed europeo: nazionale a cavallo degli anni Quaranta e Cinquanta, era stato lui nel 1956 ad alzare al cielo la prima Coppa dei Campioni, competizione che vinse in totale ben quattro volte, due come giocatore e due come tecnico, sempre col Real. Impresa che solo mostri sacri del calcio mondiale - Giovanni Trapattoni, Johan Cruyff, Frank Rijkaard, Pep Guardiola, Carlo Ancelotti e recentemente Zinedine Zidane – sarebbero stati poi capaci di compiere. La sua avventura sulla panchina del Real Madrid si era interrotta solo nel 1974, anno in cui Muñoz decise di tentare la fortuna altrove. Lontano dalla capitale allenò, con alti e bassi, il Granada, il Las Palmas -finalista di Coppa del Re nel '78 - e infine il Sevilla. Dopo quest'ultima esperienza, terminata con un esonero, Muñoz si prese una pausa. Poi, nel 1982, con la federazione spagnola alla disperata ricerca di qualcuno per sostituire

José Santamaria, arrivò la grande chance di dirigere la Roja.

C'era da ricostruire una squadra, forse più a livello psicologico che tecnico, dopo il disastro del Mondiale. E così quando Muñoz prese in mano le redini, solo tre giocatori - Luis Arconada, Gordillo e Camacho - conservarono il loro status di pilastri inamovibili, mentre gli altri vennero messi tutti in discussione. Il tecnico iniziò quindi a fare numerosi esperimenti e tagli, con l'obbiettivo di ringiovanire la rosa. Inevitabilmente, qualche pezzo grosso finì fuori dal giro della nazionale e l'esclusione più altisonante fu senza dubbio quella del madridista Juanito. La gestione Muñoz fu messa però a dura prova durante le qualificazioni all'Europeo 1984, quando solo un rocambolesco, e per certi versi sospetto, 12-1 rifilato a Malta permise alla Spagna di qualificarsi a discapito dell'Olanda, superata grazie alla miglior differenza reti.

In Francia, la Selección fu una brillante sorpresa e quell'Europeo verrà ricordato per le molte emozioni, come la vittoria di misura sulla Germania Ovest nel proprio gironcino o quella ai rigori sulla Danimarca in semifinale. L'unico rammarico fu la finale, disputata contro i padroni di casa. Muñoz aveva pianificato una ragnatela attorno a Michel Platini, e la tattica funzionò bene prima che una papera di Luís Arconada – fino a quel momento protagonista di un Europeo strepitoso – spianasse la strada al successo francese.

Come previsto, Butragueño non scese in campo nemmeno un minuto in quell'Europeo. Per il debutto ufficiale, il Buitre dovette attendere ancora qualche mese: il 17 ottobre 1984 Muñoz gli diede finalmente i galloni da titolare nella sfida contro il Galles, gara valevole per le qualificazioni al Mondiale di Messico. Anche stavolta Butragueño timbrò il cartellino nel suo esordio, segnando il terzo gol spagnolo. Nonostante quel 3-0 rifilato ai gallesi, la qualificazione risultò però più complicata del previsto, e la Spagna riuscì a ottenere il ticket per il Messico solo nell'ultima giornata del gironcino, con il pari fra Galles e

Scozia a spianare la strada alla Roja.

Un anno dopo il debutto di Butragueño, toccò finalmente a Míchel l'onore di indossare la maglia della Selección, in una amichevole contro l'Austria. I due non furono comunque le sole facce nuove e giovani della squadra. L'esplosione di Andoni Zubizarreta, portiere dell'Athletic Bilbao, portò Muñoz, non senza strascichi, a tagliare nientemeno che il capitano Arconada, mentre il possente Julio Salinas -nonostante le sole quattro reti stagionali – fu scelto per il ruolo di centravanti titolare nel Mondiale.

La Spagna iniziò il torneo perdendo contro il Brasile, sconfitta da un gol di Sócrates, nonostante la buonissima prova collettiva. La partita creò anche numerose polemiche: una staffilata dal limite di Míchel aveva infatti centrato la traversa, varcando poi la linea di porta prima di ritornare in gioco. Un chiaro gol per tutti, tranne che per l'arbitro: all'epoca *VAR*[3] era solo una sigla senza senso, così l'australiano Chris Bambridge, poco aiutato da i propri assistenti, fece proseguire fra le feroci proteste spagnole. La Spagna era comunque in palla, e nei successivi impegni batté senza troppi problemi l'Irlanda del Nord e l'Algeria, staccando perciò il biglietto per gli ottavi di finale, dove avrebbero affrontato la Danimarca. I problemi non tardarono ad arrivare, però.

Perso Maceda a inizio torneo, Muñoz dovette fare a meno anche di Gordillo, infortunatosi durante la seconda gara. Ma il caso più spinoso fu senz'altro quello di Ramon Calderé. Qualche giorno prima del Mondiale, il centrocampista del Barcelona era finito in ospedale per via di un virus intestinale e una brutta bronchite. Nonostante la salute precaria, il giocatore era riuscito a rimettersi in piedi, recuperando il posto da titolare e segnando addirittura una doppietta all'Algeria. Fu proprio durante il

---

[3] Il VAR (Video Assistant Referee) è stato introdotto nel Mondiale di Russia nel 2018

suo soggiorno all'ospedale di Monterrey che a Calderé erano state prescritte delle medicine per curarsi, fra cui il Bisolvon, uno sciroppo contenente l'Efedrina, la sostanza rinvenuta nelle sue urine al termine della partita con l'Irlanda del Nord.

La positività di Calderé fu un fulmine a ciel sereno. Il caso creò molta apprensione nell'ambiente spagnolo, ma fortunatamente si concluse in un nulla di fatto: la Spagna se la cavò con una multa, e la responsabilità ricadde unicamente sul dottore della nazionale spagnola Jorge Guillén, incolpato di negligenza.

In realtà, quello di Calderé, non risultò essere l'unico contrattempo. Il contingente spagnolo, dopo aver giocato con l'Algeria, decise di trasferirsi immediatamente, con un giorno di anticipo rispetto al programma originale, a Querétaro, la sede degli ottavi di finale. Dovendo trovare una sistemazione per una sola notte, la prenotazione fu fatta a scatola chiusa. In pratica, Butragueño e compagni finirono in un angustio bordello, sudicio, pieno di muffa e infestato di insetti. Alle tre di notte, con i giocatori incapaci di chiudere occhio, arrivò l'ammutinamento. La delegazione fu così costretta a cercarsi una sistemazione più decente. Due ore dopo, finalmente, arrivarono ad un vero hotel. Tuttavia, gli inconvenienti non erano terminati lì: gli spagnoli erano infatti finiti all'Hacienda Jurica, la struttura che stava ospitando la Danimarca, la loro prossima rivale.

IL POKER DI QUERÉTARO

Quando i giocatori spagnoli giunsero ai bordi della piscina dell'Hacienda Jurica, rimasero stupefatti di quello che gli toccò assistere. I danesi, accompagnati da mogli, fidanzate e famiglie, erano là che la spassavano, come se fossero una classica comitiva di vacanzieri nordeuropei. La sorpresa fu grande: gli spagnoli fino ad allora avevano infatti vissuto quasi segregati dal resto del mondo, con Muñoz che solo in rarissime occasioni aveva concesso ai giocatori di incontrare le proprie compagne o passare tempo assieme alle famiglie. Per Míchel fu uno shock vedere il centravanti Elkjær Larsen fumare una sigaretta dietro l'altra con un bicchiere di cognac in mano.

In teoria, come suggerito dall'organizzazione, la Spagna avrebbe dovuto occupare l'hotel dove stava alloggiando la Germania Ovest, visto che i tedeschi si dovevano trasferire a San Nicolás de la Garza per affrontare il Marocco negli ottavi. Ma i tedeschi comunicarono che non avrebbero abbandonato il loro alloggio di Querétaro, lasciando quindi alla Spagna nessuna alternativa, se non quella di rimanere nell'Hacienda Jurica e continuare il soggiorno assieme ai loro prossimi avversari.

La convivenza fu surreale. La dirigenza danese, dopo essersi resa conto che il contingente spagnolo prevedeva anche un nutrito gruppo di chiassosi giornalisti, provò a protestare con l'organizzazione, i quali però fecero spallucce, impossibilitati a risolvere il problema. Alla fine, dopo un po' di diffidenza iniziale, entrambe le comitive si abituarono: ogni squadra aveva il suo lato dell'albergo a disposizione, e solo le aree comuni, come la sala biliardo e il bar, erano condivise.

Calcisticamente, comunque, quella gara era considerata una delle più interessanti degli ottavi di finale. Allenata dal tedesco Sepp Piontek, la Danimarca aveva strabiliato tutti durante l'Europeo del 1984 e, nonostante fosse stata eliminata in semifinale proprio dalla Spagna, le prestazioni della squadra nordeuropea le avevano fatto guadagnare il soprannome di *Danish Dynamite-* la "Dinamite Danese". Nei successivi due anni la Danimarca aveva continuato a stupire per la qualità del gioco, e a quel punto del torneo non erano più considerati una mera cenerentola. In molti la vedevano addirittura come una favorita alla vittoria finale e per i tifosi neutrali risultò impossibile non innamorarsi di quella squadra. I danesi avevano poi vinto il proprio girone a punteggio pieno, segnando nove reti e subendone solo una. A cadere erano state nell'ordine la Scozia (1-0), l'Uruguay di Enzo Francescoli (6-1) e infine la Germania Ovest (2-0). Elkjær aveva già segnato quattro reti, mentre il gol di Micheal Laudrup contro l'Uruguay - un assolo in cui aveva dribblato quattro difensori più il portiere – era stato giudicato il più bello del Mondiale, almeno fino a quel punto. Solamente lo show di Maradona con l'Inghilterra, nei quarti, avrebbe poi offuscato la bellezza di quella fantastica rete.

Era proprio il centravanti Elkjær a incarnare più di tutti in campo il concetto di "dinamite": gambe e fisico d'acciaio, polmoni da mezzofondista - nonostante fosse un fumatore incallito- il bomber danese combinava forza, tecnica e velocità. Abbatterlo era quasi impossibile e, soprattutto quando partiva negli spazi aperti, in pochi erano in grado di tenergli testa sulla distanza. Osvaldo

Bagnoli, il tecnico del Verona, era riuscito a portarlo in Italia dopo l'Europeo, e quella scelta aveva dato immediatamente i suoi frutti: con lui al centro dell'attacco i veneti erano riuscito a vincere uno storico scudetto nella stagione 1984-85.

Ma Elkjær non era la sola stella di quella Danimarca. Il boom della *Danish Dynamite* non era passato inosservato agli addetti ai lavori e la maggior parte della rosa danese militava nei principali club europei: Laudrup (Juventus) e Klaus Berggreen (Pisa) erano approdati anche loro in Serie A; Søren Lerby giocava invece con il Bayern Monaco; Jan Mølby con il Liverpool; Jesper Olsen e John Sivebæk con il Manchester United: Morten Olsen e Per Frimman con l'Anderlecht; Frank Arnesen con il PSV Eindhoven.

Lo stile danese era stato influenzato molto da quello olandese, visto che diversi elementi– Arnesen, Lerby, Jesper Olsen e Mølby – avevano indossato, chi prima chi dopo, proprio la maglia dell'Ajax. La capacità di giocare la palla e la qualità del gioco ricordavano parecchio l'Olanda del decennio precedente, sebbene Piontek avesse sviluppato uno stile e un modulo propri, adatti a esaltare le caratteristiche dei giocatori a disposizione. Nel 3-5-2 del tecnico tedesco gli esterni di centrocampo – generalmente Arnesen e Jesper Olsen - erano in pratica due ali con propensione ad attaccare, mentre il libero Morten Olsen aveva la licenza di uscire palla al piede e appoggiare Lerby nella costruzione della manovra, non disdegnando nemmeno proiezioni offensive da un'area all'altra. Anche il modulo era puramente teorico, vista la duttilità di molti giocatori, capaci di giocare in più di una posizione. Pressing, linea difensiva alta, gestione della palla, vocazione al gioco d'attacco e intercambio delle posizioni erano tutti marchi di fabbrica olandesi, anche se dal centrocampo in su i danesi risultavano essere molto più individualisti ed esplosivi. Arnesen, Laudrup e Jesper Olsen, tutti ben dotati tecnicamente, sapevano sia dribblare che gettarsi negli spazi, mentre Elkjær era un carro armato difficilissimo da buttar giù.

Uno dei problemi più grossi che Piontek dovette affrontare durante quel periodo fu senza ombra di dubbio quello dell'indisciplina, aspetto su cui si era sforzato tremendamente di lavorare, alternando bastone e carota, e trovando a fatica il giusto equilibrio. Prima del suo arrivo, la Danimarca era solamente "un'armata Brancaleone", una compagine con grandissimo potenziale ma con un comportamento e una mentalità abbastanza amatoriale e poco professionale. Ovviamente era difficile spengere l'euforia a una squadra che sembrava infrenabile. Per esempio, contro la Germania Ovest, con la qualificazione già conseguita, i danesi avrebbero potuto permettersi il lusso di perdere e affrontare quindi il Marocco, avversario molto più morbido rispetto all'ostica Spagna. Ma Piontek ci teneva da matti a far bella figura contro i suoi compaesani, e calcoli del genere non passarono neanche per un nanosecondo nella mente dei suoi giocatori. Così, pur giocando con nonchalance, i danesi si imposero per 2-0. Arnesen poi, uno degli uomini più in forma, si era fatto espellere per uno stupido fallo di reazione, e avrebbe così saltato la sfida contro la Spagna.

Il 18 giugno 1986, allo stadio Corregidora di Querétaro, Piontek ovviò all'assenza di Arnesen cambiando di fascia al mancino Jesper Olsen, e schierandolo sulla destra. Come previsto, la Danimarca prese ben presto il pallino del gioco, mentre gli spagnoli risposero con pressing e foga agonistica, soprattutto quella dei due centrali di difesa, Camacho e Andoni Goikoetxea, impegnati nel difficile controllo di Laudrup e Elkjær. Fu proprio una giocata di quest'ultimo a propiziare il vantaggio danese nel primo tempo: il centravanti difese la palla con maestria prima di lanciare Berggreen in area, il quale venne steso da Gallego. Rigore che Jesper Olsen trasformò con una calma olimpica.

La Spagna abbozzò subito una reazione, ma terminò per rimanere imbrigliata dall'ottima organizzazione danese.

L'impacciato Julio Salinas finì per ben sei volte nella trappola del fuorigioco, mentre l'unico pericolo per il portiere Lars Høgh arrivò da una incursione del terzino Julio Alberto, il cui sinistro da buona posizione finì alto sopra la traversa.

Il primo tempo sembrava avviarsi tranquillamente verso la fine, quando la gara si riaprì improvvisamente: i danesi batterono un rinvio di fondo, all'apparenza una operazione di routine, in attesa che l'arbitro fischiasse l'intervallo. Come erano soliti fare, impostarono la propria azione dalla difesa, con Høgh che, anziché rinviare lungo, la giocò corta su Jesper Olsen, sceso a prender palla fino alla propria area di rigore. Il centrocampista danese si liberò del tentativo di pressing di Julio Salinas e si allargò sulla fascia. Senza nessun avversario a contrastarlo, avrebbe potuto spedire la palla tranquillamente lungo la corsia laterale, oppure avanzare lui stesso. Invece, forse per eccesso di sicurezza, oppure per fraintendimento con Høgh, Olsen decise di giocarla dietro con il proprio portiere. Una operazione rischiosissima, la quale si rivelò un fiasco clamoroso: Butragueño, che aveva capito in anticipo le intenzioni dell'avversario, si avventò infatti come un avvoltoio sul quel retropassaggio e con un tocco morbido spedì la sfera nella porta sguarnita.

Il pareggio subito ingenuamente non sembrò però scuotere troppo i danesi. Nella ripresa continuarono la loro partita d'attacco e per ben due volte Elkjær bruciò l'intera difesa spagnola in velocità, presentandosi solo davanti a Zubizarreta, ma il centravanti fallì il prodotto finale. Fu quello il momento chiave dell'incontro: la Spagna incominciò a crescere sempre di più a livello fisico, mentre la manovra danese iniziò piano piano a calare d'intensità. Muñoz, nel frattempo, aveva tolto l'inutile Julio Salinas, inserendo Eloy Olaya, attaccante dello Sporting Gijón, un piccoletto veloce e scattante, che si rivelò una vera spina nel fianco per la Danimarca. Al cinquantaseiesimo minuto arrivò poi il gol che spaccò definitivamente la gara: angolo di Victor, sponda di Camacho e colpo di testa di Butragueño, lasciato colpevolmente solo nell'area piccola.

Sotto di un gol per la prima volta durante il Mondiale, la Danimarca si gettò in avanti a testa bassa, lasciando immense praterie a disposizione per il contropiede spagnolo. Eloy e Butragueño andarono così sul velluto. Al sessantottesimo minuto, Míchel, all'altezza della linea di centrocampo, vide il movimento del Buitre e con un passaggio millimetrico lo lanciò verso la rete. Søren Busk provò a fermarlo, ma le gambe del giovane spagnolo furono più rapide. Il difensore danese fu costretto a stenderlo, e dal dischetto Goikoetxea firmò il 3-1. Con la partita incanalata sui giusti binari, Eloy sfondò di nuovo sul lato destro mettendo poi al centro, un invito a nozze per Butragueño che timbrò facilmente il 4-1.

Con quella tripletta, Butragueño era già entrato nella storia, visto che nessuno spagnolo aveva mai segnato più di due reti in una gara di un Mondiale. Ma a due minuti dallo scadere il Buitre riuscì ulteriormente a migliorarsi, completando il proprio capolavoro. L'attaccante del Real Madrid ricevette palla in area, attirò su di sé due difensori prima di girarsi di scatto e costringere Morten Olsen al fallo. Un altro penalty. Goikoetxea, il rigorista designato, stavolta si fece da parte e lasciò la battuta al compagno. Il Buitre non era certo uno specialista dagli undici metri, ma, freddo come sempre, non ebbe difficoltà a spiazzare il povero Høgh.

In pochi, alla vigilia, si sarebbero aspettati un successo spagnolo. Il 5-1 rifilato alla Danimarca cambiò poi tutte le carte in tavola: fuori i danesi, la Spagna era diventata di diritto la mina vagante del Mondiale. Con l'Argentina inserita nello stesso lato del tabellone, in tanti arrivarono a pronosticare una sfida in semifinale fra Maradona e Butragueño. Tuttavia, per giungere fin lì, ci sarebbe stato un altro ostacolo da superare: il Belgio di Scifo.

UN'OPERA D'ARTE

La vittoria sulla Danimarca creò furore in tutta Spagna. Il *Mundo Deportivo* definì Butragueño un'opera d'arte, paragonandolo nientemeno ad artisti spagnoli del calibro di Diego Velázquez, pittore, e Federico García Lorca, poeta. Il Buitre fu accostato anche ad altri mostri sacri dello sport, come il tennista Manolo Santana e il golfista Seve Ballesteros. Sulla scia di quello storico 5-1 poi, un nutrito gruppo di gente si riversò nelle strade di Madrid e nel bel mezzo dei festeggiamenti, visto anche il caldo, alcuni pensarono bene di andarsi a rinfrescare nella Fuente de Cibeles, la fontana situata nell'omonima piazza: fu così avviata inconsapevolmente una usanza che viene ripetuta anche adesso, specialmente per i successi del Real Madrid. Ma quella sera qualcuno si spinse addirittura oltre con la fantasia.

Approfittando del fatto che quattro giorni dopo in Spagna ci sarebbero state le elezioni, la gente propose ad alta voce il proprio candidato al Palacio de la Moncloa, la sede del Governo spagnolo: Butragueño. Il nome dell'attaccante del Real Madrid riecheggiò nei cori dei tifosi («*Oa, oa, oa, el Buitre a la Moncloa*»; «*Se siente, se siente, el Buitre presidente!*») ma la cosa non si fermò solo nelle piazze. Il giorno seguente, infatti, durante il telegiornale della sera trasmesso da *RTVE*, mentre scorrevano le immagini delle reti di Butragueño, apparve sullo schermo la scritta PSOE (*Partido Socialista Obrero Español*), il partito dell'allora capo del Governo, Felipe Gonzáles. All'epoca *RTVE* si giustificò parlando di un errore da parte di un tecnico, anche se è sempre rimasto il sospetto che lo sbaglio non fu del tutto involontario. Per la cronaca il PSOE vinse sia quelle elezioni che le tre successive, e Gonzáles sarebbe rimasto per altri dieci anni alla guida della Spagna.

Con l'entusiasmo alle stelle, nei quarti di finale la Spagna si trovò di fronte il Belgio di Guy Thys che, dopo un deludente girone preliminare, si era sbarazzata per 4-3 dell'URSS negli ottavi di finale. Il calcio belga stava vivendo un periodo d'oro, visto che la nazionale, dopo il secondo posto degli Europei del 1980, si era qualificata sia Mondiali di Spagna che agli Europei di Francia. Thys poteva contare su elementi con esperienza internazionale, come il portiere del Bayern Monaco, Jean-Marie Pfaff, il terzino destro del PSV Eindhoven, Eric Gerets, e il potente centrocampista offensivo del Club Bruges, Jan Ceulemans. Nel gruppo era presente naturalmente anche il blocco-Anderlecht in cui spiccava il regista Scifo, che a soli vent'anni era già stato designato da Platini come il suo erede. Thys era solito schierare il Belgio con un 4-4-2, con il centrocampo a rombo e con due punte che stazionavano larghe, lasciando la zona centrale dell'attacco libera per gli inserimenti di Ceulemans, micidiale sui palloni alti. Una squadra sorniona e pratica: al contrario della Danimarca, il Belgio fondava infatti il proprio gioco sulla compattezza difensiva e sul contropiede.

L'euforia che si respirava nell'entourage spagnolo aveva contagiato pure Muñoz, di solito prudente nel fare dichiarazioni. Il tecnico, nel prepartita, si sbilanciò, dicendo che se la Spagna avesse giocato come contro la Danimarca, il successo sarebbe stato assicurato. Giá si ipotizzava una semifinale con l'Argentina, ma quella volta Muñoz si sbagliò. La Spagna giocò forse meglio. Ma perse.

Partire come favoriti non aiutò certo gli spagnoli, i quali cambiarono l'approccio, gettandosi in avanti fin dai primi minuti. Come previsto, i belgi rimasero compatti, e lasciarono sfogare gli iberici in avvio per poi iniziare a mettere il naso nella metà campo avversaria, alla ricerca del contropiede giusto. Il quale non tardò molto ad arrivare: al trentacinquesimo minuto ci fu un cross dalla sinistra che trovò la difesa spagnola nettamente impreparata, e sul quale Ceulemans saltò indisturbato trafiggendo Zubizarreta. Dopo il vantaggio, il Belgio rinunciò a giocare quasi del tutto, una tattica che produsse solo frustrazione fra gli spagnoli, i quali si scontrarono anche con il fenomenale Pfaff, autore di parate importanti. Ingabbiato Butragueño, incapace di trovare spazi per i suoi guizzi, nemmeno la solita staffetta Eloy-Julio Salinas produsse gli effetti sperati.

Quando tutto sembrava perduto, la Spagna trovò la giocata del pareggio, nella maniera meno convenzionale: fendente dai trenta metri di Juan Señor che si infilò come un proiettile nella porta belga. Pfaff, che vide il pallone solo all'ultimo momento, stavolta non poté far nulla.

Con gli spagnoli stanchi dopo aver rincorso a lungo il pareggio, i belgi non ebbero troppe difficoltà a controllare la gara nei supplementari e indirizzarla laddove la superiorità tecnica degli avversari non avrebbe fatto la differenza: i calci di rigore. Alla Spagna non bastarono le esecuzioni perfette di Señor, Chendo, Butragueño e Victor. I belgi furono impeccabili dal dischetto, con Pfaff che si confermò eroe di giornata respingendo la debole conclusione di Eloy.

Dopo aver seguito la gara nervosamente, Carlos Bilardo tirò un sospiro di sollievo. Il tecnico dell'Argentina era ossessionato con la Spagna, e la voleva evitare a tutti i costi. Una volta visto il Belgio qualificarsi, divenne ancora più convinto che la sua nazionale sarebbe diventata campione del mondo. E così fu. Le accecanti luci del Maradona-show però non misero in ombra le gesta di altri campioni, che in quel Mondiale si erano messi in bella evidenza. Al russo Igor Belanov, vincitore della Coppa delle Coppe con la Dinamo Kiev, e autore di un gran inizio di torneo con l'Unione Sovietica, andò a fine anno il Pallone d'Oro. Il trofeo, all'epoca riservato ai soli giocatori europei, vide l'inglese Gary Lineker, capocannoniere dei Mondiali, conquistare il secondo posto, mentre a Butragueño toccò la terza piazza. Il Buitre fu inserito naturalmente anche nella top-11 di quel torneo mentre, grazie alle quattro reti rifilate alla Danimarca, riuscì a eguagliare il polacco Ernst Willimowski (ai Mondiali del 1938), il brasiliano Ademir (1950), l'ungherese Sándor Kocsis (1954), il francese Just Fontaine (1958) ed il portoghese Eusébio (1966), gli unici capaci di realizzare una quaterna in una gara di un Mondiale. Solo il russo Oleg Salenko, con i suoi cinque gol rifilati al Camerun nel 1994, sarebbe poi riuscito a fare meglio.

MENDOZA, IL PRESIDENTE DELLA QUINTA

Nel 1978, dopo la morte dello storico presidente Bernabéu, il timone del Real Madrid era stato affidato a De Carlos, uno dei luogotenenti di Bernabéu assieme all'altro fedelissimo Raimundo Saporta. Non ci fu troppa scelta: Saporta aveva gentilmente rifiutato, e così era toccato a De Carlos. Contemporaneamente si era affacciata sulla scena anche una terza figura, Ramón Mendoza, che nel febbraio del 1977 era entrato a far parte del consiglio di amministrazione del club, posto offertogli direttamente da Bernabéu. La nomina creò diverse speculazioni, e in molti la giudicarono come un avallo di successione da parte del vecchio presidente. Tuttavia, dopo nemmeno un anno dall'incorporazione al club, Mendoza si dimise dall'incarico, polemicamente spiegando che la sua presenza in quegli uffici era inutile.

Nato a Madrid il 18 aprile 1927, e cresciuto negli anni difficili del dopo guerra, Mendoza si era laureato in Diritto ed Economia, esercitando successivamente la professione di avvocato. Ma un impiego d'ufficio, immerso in carte e burocrazia, probabilmente non era fatto per lui. Se ne accorse presto, e si trasferì a Parigi, dove per racimolare qualche soldo fece un po' di tutto, incluso il collaboratore per il giornale *Marca*, al quale inviava le cronache delle corse di cavalli parigine. Rientrò presto in Spagna, comunque. Dopo aver lavorato nel *Banco Exterior de España* e aperto un'attività tessile, Mendoza creò una propria impresa di esportazione, la *Prodag*, mediante la quale avviò rapporti economici con paesi esteri, in particolar modo con l'Unione Sovietica. Erano gli anni Sessanta, e fra la Spagna di Franco e i paesi comunisti non esisteva praticamente nessuna relazione: per questo motivo tali legami d'affari non furono ben visti, e in molti sospettarono che dietro a tutto questo giacesse qualcosa di losco.

Il settimanale *Cambio-16* arrivò perfino a pubblicare un articolo intitolato "*El hombre de Moscú*" (L'Uomo di Mosca) in cui vennero riportati presunti contatti fra Mendoza e alcuni membri del *KGB* - i servizi segreti sovietici - durante i suoi commerci con l'Est, in particolar modo quelli con Victor Louis, giornalista russo che lavorò per numerose testate giornalistiche occidentali come corrispondente da Mosca. Louis – all'anagrafe Vitaly Yevgenyevich Lui - fu per molto tempo uno dei pochi canali, se non l'unico, con cui l'occidente potesse aver accesso a notizie provenienti dall'URSS, e nella sua carriera realizzò numerosi scoop, anche se il suo ruolo fu sempre considerato ambiguo. In alcune occasioni, infatti, le informazioni passate all'occidente sembravano calcolate e studiate a tavolino, a seconda del tipo di immagine che lo stato sovietico aveva intenzione di trasmettere al resto del mondo. Ma a chi lo criticò per i suoi rapporti con i paesi comunisti, Mendoza rispose sempre con il sorriso, definendo il proprio lavoro come "patriotico", e aggiungendo che, grazie alle sue attività all'estero, nelle casse spagnole era entrato un bel po' di denaro straniero. Il suo business non si fermò però alla sola Unione Sovietica: Mendoza commerciò praticamente qualsiasi cosa, fece affari in Camerun, Colombia, Brasile, Bolivia, e persino Paraguay, dove all'epoca era in vigore la dittatura di destra del generale Alfredo Stroessner.

Sigaretta perennemente in bocca, capelli bianchi lunghi e imbrillantinati, amante dei cavalli e delle belle donne, Mendoza era un personaggio altamente ambizioso e con molte amicizie influenti. Era, al disopra di tutto, un imprenditore con il gusto della sfida e il fiuto degli affari. Per questo intuì che diventare presidente del Real Madrid gli avrebbe conferito una vetrina importante, e non solo a livello spagnolo.

Mendoza si candidò ufficialmente alle elezioni del 1982, ma De Carlos fu riconfermato dopo aver affidato la panchina a Di Stéfano, mossa decisiva per ottenere i voti necessari alla vittoria. Mendoza ritornò allora ai suoi cavalli. La sua era infatti una delle scuderie più vincenti dell'ippodromo madrileno di Zarzuela. Tre anni dopo però, quando il settantottenne De Carlos annunciò le elezioni anticipate, Mendoza comprese che era finalmente arrivato il suo turno. In realtà non venne eseguita nessuna votazione. Mendoza fu l'unico candidato, e la sua ascesa alla presidenza coincise con l'esplosione della Quinta del Buitre di cui il neopresidente ne sarebbe diventato, nel bene e nel male, il padre sportivo. In tempi di Movida, con la società che stava cambiando, anche il calcio iniziava ad essere percepito come un business e non più solamente come sport. Le televisioni stavano facendosi largo a suon di denaro, le sponsorizzazioni erano in forte aumento, e i giocatori si stavano convertendo in stelle da copertina.

Appena instauratosi al timone, Mendoza iniziò subito a sondare il terreno per un nuovo allenatore. Molowny era stato riconfermato per la stagione 1985-86, ma a fine campionato il tecnico canario sarebbe comunque ritornato a un ruolo dirigenziale. Il preferito di Mendoza era Luis Aragonés, in quel momento alla guida dell'Atlético Madrid. Dopo un lungo corteggiamento, il tecnico dei colchoneros - legato all'Atlético dal 1964 – non se la sentì però di tradire l'affetto della propria gente e accasarsi con l'acerrimo nemico. In assenza di altre alternative fattibili, Mendoza fu costretto quindi a sondare il mercato estero, dal quale spuntò fuori il nome dell'olandese Leo Beenhakker.

Beenhakker era uno dei tanti allenatori figli dell'Olanda del Calcio Totale, e discepolo anche lui di Rinus Michels, il tecnico simbolo di quel movimento che aveva rivoluzionato il calcio negli anni Settanta. Senza un grosso passato da giocatore – la sua carriera fu interrotta da un brutto infortunio bel 1961, quando aveva soli 19 anni – Beenhakker aveva fatto la gavetta in serie minori e nei settori giovanili, prima di ottenere, nel 1979, la grande chance di guidare l'Ajax, con la quale vinse subito un campionato olandese. Una stagione e mezzo sulla panchina dei *lancieri*, con alti e bassi, soprattutto il secondo anno, furono però sufficienti per farsi conoscere a livello internazionale e così arrivò la chiamata del Real Zaragoza. Nella sua prima esperienza in Spagna, durata quattro stagioni, Beenhakker mise in mostra un buon gioco, fluido e sempre votato all'attacco, malgrado gli aragonesi non andarono mai oltre il sesto posto nella Liga.

Nel 1984 Beenhakker fece brevemente ritorno in patria, al Volendam, prima di accettare la guida della nazionale olandese nel febbraio 1985. La parentesi con gli *Oranje* fu breve e frustrante: arrivato con la qualificazione già compromessa, Beenhakker riuscì lo stesso a portare l'Olanda al secondo posto del girone e guidarla negli spareggi contro il Belgio, dove però furono eliminati.

La scelta di Beenhakker sembrò abbastanza sensata, visto che l'allenatore, oltre ad avere uno stile sinonimo di qualità - quello olandese - già conosceva la Liga spagnola. Il suo arrivo coincise poi con quello del portiere Francisco Buyo, prelevato dal Sevilla, che andava ad aggiungersi a Maceda, Gordillo e Sánchez, acquistati da Mendoza l'estate precedente. Il segnale era chiaro: il Real Madrid doveva di nuovo tornare a essere una corazzata temuta in tutta Europa.

QUINTA VS FURIA

Se la transizione sociopolitica e la Movida avevano cambiato il modo di vivere della Spagna, anche Butragueño e i suoi colleghi trovarono terreno fertile per rompere gli schemi che incatenavano il fútbol spagnolo al passato. Fino ad allora, la Spagna calcistica veniva costantemente associata alla *furia*, e non a caso proprio la *"Furia Roja"* è da sempre il soprannome della nazionale. Con il termine *furia* si stava infatti a identificare la foga agonistica e la capacità di non mollare mai, nemmeno di fronte alle avversità. Era imprescindibile che una squadra spagnola dovesse avere un'alta componente di *furia* nel proprio DNA, e spesso, in passato, alcuni fiaschi della nazionale furono attribuiti proprio alla mancanza di grinta da parte dei giocatori. Un concetto sostenuto e avallato anche e soprattutto durante la dittatura di Franco, dove, secondo il regime, il fútbol era uno sport virile che doveva essere giocato con cojones, i cosiddetti attributi. E questo nonostante in Spagna non fossero mai mancati giocatori dall'elevato tasso tecnico.

Ad inizio degli anni Ottanta la *furia* era tornata di nuovo in auge grazie ai successi ottenuti dal l'Athletic Bilbao di Javier Clemente, il cui stile diretto venne ribattezzato con la divertente espressione *"patapúm y p'arriba"* - l'equivalente del detto italiano "palla lunga e pedalare". Ma oltre ai lanci lunghi, la squadra basca passò alla storia per il suo gioco duro, rappresentato al meglio dalla temutissima figura dello stopper Goikoetxea, soprannominato il *"Carnicero de Bilbao"*, il Macellaio di Bilbao. In realtà Goikoetxea, che arrivò a collezionare 39 presenze con la Roja, fu anche un discreto difensore, ma ovviamente viene tuttora tristemente ricordato soprattutto per i suoi tackle criminali, con i quali mise fuori causa, fra gli altri, prima Bernd Schuster e poi Maradona. Il tedesco fu costretto ad un anno di stop per una lesione al ginocchio, mentre l'asso argentino ruppe malleolo e legamenti della caviglia sinistra, in quello che è ritenuto da molti come il fallo più cattivo della storia del calcio, intervento che costò a Goikoetxea ben diciotto turni di squalifica, ridotti poi a sette.

Considerato il momento, l'arrivo sulla scena di Butragueño e della sua Quinta rappresentò una necessaria boccata d'ossigeno per il calcio spagnolo. E pensare che il Buitre, approdato nel settore giovanile madrileno solo a diciassette anni, non ebbe nessun maestro di gioventù. Prima di dedicarsi al pallone, Butragueño aveva addirittura giocato qualche anno a pallacanestro, e le sue uniche esperienze calcistiche furono quelle con il Calasancio, la squadra del collegio. Senza una formazione tecnica adeguata, con un fisico non certo poderoso, il suo talento fu unico. Butragueño era infatti una seconda punta che amava variare il raggio d'azione, a volte allargandosi sulla fascia, a volte venendo a prendere palla a centrocampo, combinando con i compagni nell'impostare l'azione. Era abile in quella che gli spagnoli chiamano *pared* - la sponda - e l'intesa maturata nel tempo con Míchel, Sánchez e Martín Vázquez, fu un fattore determinante nei meccanismi d'attacco del Real Madrid.

Ma Butragueño aveva in dono un'altra dote, che diventò il suo marchio di fabbrica, ovvero la capacità di smarcarsi in spazi strettissimi ed eludere l'intervento del difensore, muovendosi in punta di piedi, come se fosse un ballerino di tip-tap. Tecnica, secondo le sue parole, perfezionata da ragazzino giocando in spazi ridotti, che a quell'epoca si chiamavano cortile della scuola, corridoio di casa o addirittura camera da letto.

Il gol che incarnò alla perfezione quella tecnica fu realizzato il 12 febbraio 1987 contro il Cádiz allo stadio Bernabéu, nel ritorno degli ottavi della Coppa del Re. Butragueño si impossessò di una palla al vertice sinistro dell'area di rigore, e, con una finta di bacino, eluse l'intervento di due difensori che gli si erano fatti sotto: nonostante la posizione defilata, il Buitre iniziò così a muoversi con un solo obbiettivo in testa, la porta. Arrivato sulla linea di fondo, un altro avversario gli venne incontro: Butragueño allora decelerò leggermente, si aggiustò la palla, toccandola con entrambi i piedi, e saltò il difensore trovandosi così di fronte a Pedro Jaro, il portiere. Con un angolo di tiro praticamente nullo, a Butragueño rimanevano a quel punto due sole possibilità: la prima, il passaggio al centro, dove già un paio di compagni si erano piazzati davanti porta per ricevere l'assist; la seconda, la più difficile, era quella di proseguire l'assolo, tentando di dribblare il portiere all'esterno, nei pochi centimetri di campo rimasti a sua disposizione. Ovviamente, il Buitre scelse la seconda: si passò il pallone dal destro al sinistro e saltò Jaro, facendo danzare la sfera sulla linea di fondo prima di spedirla in rete.

Juanito fu il primo a festeggiare il gol, prendendo Butragueño sulle proprie spalle e alzandolo al cielo. Gli altri compagni non tardarono ad arrivare. Nemmeno i difensori del Cádiz rimasero indifferenti alla bellezza del gesto. Ci fu chi si complimentò dandogli la mano e chi, come "Sandokan" Juan José, che gli dette una pacca sulle spalle, quasi a ringraziarlo di averlo reso partecipe a un momento così sublime.

Una ulteriore particolarità delle giocate di Butragueño fu quella che in gergo è chiamata *"pausa"*, la frenata che serve a effettuare un cambio di ritmo e passare da una velocità a un'altra. La *pausa* è questione di microsecondi e rappresenta il momento chiave che definisce una giocata. Allo stesso tempo è una trappola mortale per l'avversario: in quell'istante vi è un calo di tensione, il difensore è costretto a pensare alla seguente mossa, mentre davanti all'attaccante si moltiplicano le soluzioni. Come molti altri grandi campioni, anche Butragueño era un maestro nell'usare la *pausa*, di solito accompagnandola con un contemporaneo movimento di bacino, per sgusciar via in area o eludere una marcatura.

Pared, pausa e fiuto per il gol. Nonostante le stimmate del campione, il talento di Butragueño non può però essere analizzato solamente dal punto di vista del singolo e misurato coi numeri. Il Buitre non era un solista spietato, di quelli a la Cristiano Ronaldo per intenderci, ma piuttosto un prezioso ingranaggio inserito in un contesto di squadra. Nella stagione 1986-87, per esempio, segnò solo 11 reti nella Liga (più 5 in Coppa dei Campioni) mentre Sánchez ne fece ben 34. Il Real Madrid fu comunque il miglior attacco della Liga con 84 reti, primato che conseguì ininterrottamente fino al 1990. Nel suo periodo di massimo splendore, il bottino di Butragueño oscillò sempre fra le 10 e le 20 marcature complessive, con il picco di 23 toccato nella stagione '90-91, quando fu il capocannoniere della Liga con 19 reti, numeri che oggigiorno vengono raggiunti in poche settimane da extraterrestri come Cristiano Ronaldo o Lionel Messi.

Ma non c'era solo l'aspetto estetico. Quel calcio, oltre che bello, era soprattutto vincente. Dopo il titolo di Liga della stagione precedente, l'arrivo nel 1986 di Beenhakker sulla panchina aveva portato una ventata di novità a livello tecnico, malgrado i blancos tardarono un po' ad assimilare gli insegnamenti del tecnico olandese. La partenza fu discreta, ma il Real Madrid ebbe alcuni intoppi di troppo nei primi mesi, come la sconfitta al Bernabéu contro l'Athletic Bilbao che interruppe una striscia di imbattibilità interna durata ben 19 mesi. La mancanza di un vero e proprio turn-over contribuì pure ad alimentare malumori all'interno della rosa, specie negli elementi della vecchia guardia come Santillana e Juanito, i quali imperterriti continuavano a reclamare spazio. Nel frattempo, il Barcellona sembrava essersi ripreso dallo shock della finale di Coppa dei Campioni persa ai rigori contro lo Steaua di Bucarest. Terry Venables era rimasto alla guida dei blaugrana e, oltre all'acquisto dell'elegante centrocampista Roberto Fernández dal Valencia, il tecnico aveva di nuovo pescato nel campionato inglese per rinforzare la squadra. Dal Manchester United era arrivata la punta gallese Mark Hughes, mentre dall'Everton il centravanti Gary Lineker, fresco del titolo di capocannoniere del Mondiale in Messico.

Al contrario di Hughes, che si rivelò un fiasco, Lineker mise complessivamente a segno 20 reti e fu il protagonista indiscusso del *Clásico* disputatosi al Camp Nou il 31 gennaio 1987, quando fu autore di una tripletta che permise al Barcelona di sconfiggere per 3-2 il Real Madrid. Quindici giorni dopo i blancos furono di nuovo battuti, stavolta dal Mallorca, e il Barcelona ne approfittò per allungare ulteriormente. Ma quella stagione la federazione spagnola si era inventata una formula astrusa per determinare il vincitore: i play-off. Le prime otto avrebbero disputato un girone finale, con gare di andata e ritorno, e i punti si sarebbero sommati a quelli conquistati nella stagione regolare. L'esperimento – che per fortuna non sarebbe stato mai più ripetuto- portò le squadre a giocare fino al 20 giugno per un totale di 44 turni.

Il crollo, a Barcelona, arrivò tutto di un colpo. Una sconfitta per 4-0 al Camp Nou per mano dello Sporting Gijón aprì la ferita, e i blaugrana, in sole cinque giornate, furono ripresi e sorpassati dai rivali. Una volta tornato al comando, il Real non mollò più la posizione, chiudendo il campionato con tre punti di vantaggio. Pochi, ma sufficienti per celebrare la seconda Liga consecutiva.

IL MASSIMO SPLENDORE

La stagione 1986-87, oltre che per i play-off, verrà ricordata anche per la contemporanea presenza dei cinque membri della Quinta del Buitre nella rosa del Real Madrid. Tutti lasciarono il proprio segno nell'impresa: Butragueño fu autore di undici gol, Míchel, Martín Vázquez e Pardeza ne misero dentro cinque a testa, mentre anche Sanchís contribuì con due marcature. Tuttavia, in campionato, furono solo due le occasioni in cui i cinque si trovarono insieme sul terreno di gioco: la prima fu contro l'Español, quando Pardeza entrò al posto di Valdano negli ultimi otto minuti di gioco; la seconda avvenne nel *Clásico* disputato al Bernabéu, dove la Quinta giocò assieme tredici minuti.

In una sola occasione Butragueño, Míchel, Martín Vázquez, Pardeza e Sanchís partirono titolari e disputarono gli interi 90 minuti assieme. Avvenne nell'andata della semifinale di Coppa del Re contro l'Atlético Madrid. Malgrado la vittoria per 3-2, il Real Madrid gettò al vento un vantaggio di tre reti, che permise così ai colchoneros di rimontare e passare il turno grazie al 2-0 della gara di ritorno del Vicente Calderón. Fu un derby rovente, e una nottata grigia per sia per il Real che per la Quinta, viste le contemporanee espulsioni rimediate da Míchel e Pardeza. Per l'attaccante andaluso fu anche l'ultima apparizione ufficiale con la maglia del Real Madrid. Consapevole che le chances di giocare erano limitate, nell'estate del 1987 Pardeza accettò il trasferimento al Real Zaragoza, squadra con cui aveva già militato in prestito durante la stagione 1985-86.

Se la partenza di Pardeza passò quasi inosservata, ben più preoccupanti furono le condizioni fisiche di Maceda, che portò il club ad acquistare nel 1987 dal Murcia il difensore Miguel Tendillo, un centrale forte fisicamente ma allo stesso tempo dotato di un elegante controllo di palla. Nella stagione precedente Maceda era stato operato per ben tre volte al ginocchio destro, interventi da cui non riuscì mai a riprendersi: il difensore appese le scarpette nel 1988, dopo essere riuscito a giocare appena 60 minuti in tre stagioni. Nel 1987 arrivò al Real anche l'esterno offensivo Francisco Llorente, nipote della leggenda madridista Gento e fratello di Julio, difensore presente già nella rosa del Castilla. Llorente era nato attaccante, ma la facilità di corsa, il dribbling e la capacità di ripiegare lo fecero adatto anche a un impiego come esterno puro, ruolo dove Beenhakker lo utilizzò di più, specialmente dopo il prematuro ritiro di Valdano. L'attaccante argentino aveva contratto infatti una brutta forma di epatite B ed era stato costretto ad abbandonare l'attività sportiva, nonostante le cure ed i successivi tentativi di rientrare in campo.

Dopo la prima stagione, i meccanismi provati da Beenhakker divennero automatici. Buyo in porta, Chendo e Camacho terzini, Tendillo e Sanchís al centro della difesa, Míchel, Martín Vázquez, Gallego e Gordillo a centrocampo con la coppia Sánchez-Butragueño in avanti. La flessibilità di alcuni elementi poi rendeva facile anche i cambi tattici o di personale: Gallego, Gordillo e Camacho potevano essere schierati in più di una posizione, mentre sia Martín Vázquez che Míchel erano invece in grado di giocare al centro o sugli esterni di centrocampo. In particolar modo Míchel si specializzò come incursore di fascia, e i suoi traversoni divennero la fortuna degli attaccanti. «Giocando sulla fascia, il cross non fu una virtù, ma una necessità, visto che non ero né rapido, né sapevo dribblare» raccontò al programma televisivo *Fiebre Maldini* qualche anno dopo. Ma Míchel non era solo assist: per ben quattro volte riuscì ad andare in doppia cifra, per un totale di 96 reti nelle 12 stagioni in cui indossò la maglia del Real.

Oltre ai membri della Quinta, in quella squadra spiccavano anche altri elementi, tutti con caratteristiche peculiari. Gordillo era un instancabile corridore, capace di andare su e giù lungo la linea laterale senza sosta, come una locomotiva. Dotato di un mancino ben calibrato, con il quale pennellava deliziosi cross al centro dell'area, il laterale andaluso si convertì spesso in finalizzatore, grazie all'ottimo stacco e alla capacità di tagliare in area dalla fascia. Il portiere Buyo, soprannominato il *"Gato de Betanzos"* per i suoi riflessi felini fra i pali, fu invece uno dei primi portieri dell'epoca ad avventurarsi regolarmente fuori area. Le sue uscite furono spesso provvidenziali, anche se la sua audacia lo portò a fare alcuni errori di troppo. Per questo, in nazionale, gli fu sempre preferito Zubizarreta, meno spericolato ma più regolare. In attacco, poi, se Butragueño era l'artista, Sánchez era il killer spietato. Il centravanti messicano fu capocannoniere della Liga in ben cinque occasioni, e nella stagione 1989-90 arrivò addirittura al traguardo delle 38 reti stagionali, bottino che gli valse la Scarpa d'Oro – a pari merito con il bulgaro Hristo Stoichkov, allora al Cska Sofia – eguagliando pure il record di reti stagionali di Telmo Zarra, che durava da quasi quaranta anni.

Le 38 segnature furono realizzate nella maniera che piaceva di più al messicano: di prima. Sánchez era infatti pratico e chirurgico: gli bastava un tocco per spedire la palla verso la porta, non importava in quale punto dell'area di rigore si trovasse. Il messicano sapeva muoversi come un puma e colpiva sempre di prima intenzione, coordinandosi in maniera spettacolare e con cattiveria. Di sinistro, di destro, di testa, di petto, in rovesciata, su punizione e su calcio di rigore: Sánchez segnò in qualunque modo possibile. Reti che venivano di solito celebrate con una capriola acrobatica, gesto imparato dalla sorella Herlinda, ginnasta ai Giochi Olimpici di Montreal del 1976.

La squadra aveva piano piano assunto le dimensioni di uno schiacciasassi, e ai rivali vennero lasciate solo le briciole: nella stagione 1987-88 il Real Madrid scattò in testa alla prima giornata e vinse il campionato con un mese d'anticipo. La Real Sociedad, seconda, terminò staccata di 11 punti, mentre il Barcellona, solo sesto, a una distanza siderale di 23 punti. A fine anno Míchel (quarto) e Butragueño (terzo) finirono nei piani alti della classifica del Pallone d'Oro, vinto dall'olandese Ruud Gullit davanti al portoghese Paolo Futre.

L'arrivo di Bernd Schuster, nell'estate del 1988, dotò poi il Real Madrid di un altro giocatore in grado di dominare la palla a proprio piacimento. Malgrado il tedesco fosse considerato principalmente un solista, a cui piaceva scorrazzare per il campo palla al piede, la sua tecnica sopraffina venne messa al servizio della squadra, e le sue micidiali punizioni furono un ulteriore arma nel già fornito arsenale madridista. Anche se Beenhakker non riuscì ad imporre a pieno i dettami della scuola olandese, il tecnico arrivò lo stesso a fondere insieme la qualità dei singoli con l'organizzazione di gioco. Non è quindi azzardato concludere che quel Real Madrid fu, almeno nel calcio spagnolo, la squadra con lo stile più simile al moderno *tiki-taka*.

Il gol che rispecchiò al meglio il *tiki-taka* madrileno — anche se allora quella espressione non esisteva ancora nel vocabolario calcistico – fu quello realizzato nel marzo 1989 ad Eindhoven, in Coppa dei Campioni contro il PSV. La rete di Butragueño arrivò al termine di trenta secondi ininterrotti di possesso palla, a cui parteciparono ben sette giocatori madrileni. Azione avviata dal difensore Tendillo, e conclusa dal Buitre, di testa, il tutto dopo una fitta ragnatela di passaggi.

Per quasi un anno intero - dal 30 aprile 1988 fino al 15 aprile del 1989 – il Real rimase imbattuto in tutte le competizioni, per un totale di 34 gare, record superato solamente nel 2016 dal Barcelona, autore di una striscia positiva di 39 partite. Oltre allo scontato titolo di Liga, la stagione 1988-89 portò poi anche l'unico trofeo che mancava fino a quel momento alla Quinta, la Coppa del Re, conquistata grazie ad un gol di Gordillo nella finale contro il Valladolid.

Quella Coppa del Re fu anche l'ultimo successo ottenuto da Beenhakker, il quale venne successivamente rimpiazzato dal gallese Benjamin Toshack. Ma la fuoriserie era oramai collaudata e, nonostante il cambio al timone, il Real Madrid stravinse di nuovo la Liga, la sua quinta consecutiva. L'innesto dell'argentino Oscar Ruggeri servì a irrobustire la difesa, mentre il ventunenne Fernando Hierro apportò ulteriore qualità alla rosa. Il giovane andaluso era difatti un elemento ultra-polivalente, che si incastonò perfettamente in mezzo ai giganti madrileni: Hierro poteva difatti giocare indistintamente regista, mediano o libero, possedeva un tiro preciso e potente, era fortissimo di testa e aveva una grande visione di gioco. Era inoltre un leader nato, qualità che lo avrebbe successivamente portato ad indossare la fascia di capitano del club per molti anni.

La partenza del nuovo corso targato Toshack fu relativamente lenta, ma, dopo la sconfitta al Camp Nou contro il Barcelona alla sesta giornata, tutti gli ingranaggi tornarono di nuovo al proprio posto. Martín Vázquez disputò una stagione sublime, segnando ben 14 gol – fu la sua migliore annata in assoluto – e conquistando il premio "Giocatore Spagnolo dell'Anno" assegnato dalla rivista *Don Balón*. Il Real Madrid passò alla storia anche per le goleade rifilate spietatamente agli avversari. Solo a leggere i tabellini ci si può rendere conto della grandezza di quella squadra: Real Zaragoza e Castellón ne presero sette; Logroñes, Sevilla, Rayo Vallecano, Tenerife e Real Oviedo cinque; Cádiz, Athletic Bilbao, Malaga, Valladolid e Osasuna "solo" quattro. In totale furono 107 le reti realizzate dai blancos, un record che sarebbe durato oltre vent'anni, mentre in classifica furono nove i punti di vantaggio sul Valencia e ben undici quelli sul Barcelona di Cruyff.

Ma se le vittorie nella Liga erano diventate quasi scontate, in Europa il Real Madrid non riuscì mai a replicare lo stesso rendimento che l'aveva portato a dominare come uno schiacciasassi il campionato spagnolo. L'ultimo successo in Coppa dei Campioni, il sesto, era datato 1966 e, come sarebbe poi successo con la decima, conquistata nel 2014 dopo dodici anni di tentativi andati a vuoto, anche la settima Coppa dei Campioni divenne una straziante ossessione.

L'INIZIO DI UNA OSSESSIONE

Dopo le due Coppe UEFA conquistate grazie soprattutto a rimonte straordinarie, il Real Madrid fece ritorno in Coppa dei Campioni il 17 settembre 1986, guarda caso perdendo in trasferta, stavolta di misura contro gli Young Boys di Berna. Come da consuetudine il Real ribaltò poi il risultato nel ritorno del Bernabéu, con un rotondo 5-0, punteggio scoppiettante ma forse un po' bugiardo, vista la tenace resistenza opposta degli svizzeri. Dopo il vantaggio iniziale siglato da Santillana infatti, le altre quattro reti erano arrivate tutte nello spazio di dieci minuti, fra il settantaduesimo e l'ottantaduesimo, e ciò dette alla sfida un tocco di *remontada* che ovviamente il pubblico madrileno non disdegnò.

Il primo vero battesimo di fuoco europeo per il Real fu però la sfida contro i campioni d'Italia della Juventus, battuti a Madrid grazie a una rete di Butragueño. A Torino la musica fu diversa, e la Juve riequilibrò la contesa grazie ad un gol di Antonio Cabrini, che mandò la gara prima ai supplementari e poi ai rigori. Dal dischetto gli spagnoli furono però più precisi, con il portiere Buyo che si elevò a protagonista, parando i tiri di Sergio Brio e Lionello Manfredonia.

Il mal di trasferta non tardò comunque a ritornare. Nel

marzo 1987 il Real Madrid fece visita alla Stella Rossa di Belgrado, una formazione in forte crescita che poteva annoverare i migliori talenti jugoslavi del momento. Anche se quella squadra non possedeva la stessa qualità della Stella Rossa che avrebbe vinto la Coppa dei Campioni nel 1991, la rosa a disposizione di Velibor Vasović era comunque di tutto rispetto, specialmente in avanti dove spiccava la presenza del fantasista Dragan Stojkovic. A Belgrado, nel clima infuocato dello stadio Marakana, il Real Madrid fu letteralmente preso a pallonate fin dall'inizio: a fine primo tempo i padroni di casa chiusero in vantaggio per 3-0, con Sánchez che aveva fallito pure un calcio di rigore. Nella ripresa il messicano riuscì però a rifarsi, marcando sia il 3-1 che il definitivo 4-2, dopo che i locali erano riusciti perforare per la quarta volta la debole difesa madrilena.

Mentre il 4-2 poteva essere considerato un punteggio accettabile, soprattutto per come si era messa la gara, la qualificazione avrebbe richiesto di nuovo una rimonta in vecchio stile. Per l'occasione il Real fu in grado di schierare di nuovo Butragueño, recuperato da un infortunio. Fu proprio lui ad aprire le marcature con uno dei suoi soliti gol impossibili: defilato, quasi sulla riga di fondo, il Buitre addomesticò un difficile pallone, girandosi su sé stesso e ingannando il proprio marcatore, prima di puntare il portiere, saltarlo e spedire la sfera nella porta sguarnita. La *remontada* fu poi completata da un altro membro della Quinta, Sanchís, con una incornata vincente su cross di Chendo.

Come nelle stagioni precedenti, il Bernabéu si stava dimostrando il solito talismano, mentre erano ancora le trasferte a preoccupare. E così, anche l'andata della semifinale contro il Bayern di Monaco risultò essere un altro patatrac, con il 4-1 rimediato in Baviera aggravato da gravissime conseguenze disciplinari. Allenati da Udo Lattek, i bavaresi partirono subito all'arrembaggio, passando in vantaggio con un tiro dal limite di Klaus

Augenthaler. Il momento chiave dell'incontro arrivò però al trentesimo del primo tempo, quando il centrocampista Hans Dorfner, lanciato a rete, venne affrontato da Buyo in uscita. Con un suo tipico balzo felino, il portiere spagnolo arrivò nettamente in anticipo sulla palla, prima che il tedesco gli franasse addosso. Un intervento pulito, agli occhi di tutti. Fra lo stupore generale, invece, l'arbitro scozzese Robert Valentine indicò il dischetto. Le proteste dei giocatori del Real furono veementi. Il direttore di gara venne accerchiato e spintonato più volte, in maniera anche violenta, ciò nonostante rimase fermo alla propria decisione. Matthäus raddoppiò dal dischetto, e sei minuti dopo Roland Wohlfarth ne aggiunse un altro, approfittando di un tentativo di fuorigioco riuscito male.

Sotto di tre gol, con un arbitraggio molto discutibile, i giocatori del Real Madrid persero la testa. A far scoccare la scintilla fu un fallaccio di Matthäus ai danni di Chendo, con il terzino che poté ritenersi fortunato a non essersi rotto una gamba, tanto bruto fu l'intervento del centrocampista tedesco. Sotto gli occhi di un impassibile Valentine, gli spagnoli decisero allora di farsi giustizia da soli: Matthäus fu così accerchiato, spinto a terra e infine preso a calci. Il primo a reagire fu Chendo, poi arrivarono tutti gli altri, compreso un indiavolato Juanito il quale colpì il tedesco sulla schiena, rifilandogli poi un pestone dritto in faccia, in un gestaccio passato alla storia come *"el pisotón de Juanito"*.

Espulso –non poteva essere altrimenti- Juanito si rese immediatamente conto della gravità del gesto e chiese pubblicamente scusa, ma l'UEFA si trovò costretta a usare il pugno duro: cinque anni di squalifica nelle coppe europee. Fu una mazzata tremenda, e a fine stagione il club decise inoltre di non rinnovargli il contratto. Quel *pisotón* mise praticamente fine alla parabola di Juanito con il Real Madrid. L'attaccante indossò solamente due altre volte la maglia blanca e in estate tornò in Andalucia per concludere la propria carriera nel Malaga.

Con la gara compromessa, Butragueño riuscì a trovare il guizzo per accorciare le distanze, riaccendendo speranze di *remontada*, anche se fu una gioia effimera: il Real Madrid capitolò di nuovo nella ripresa, quando Wohlfarth marcò il rigore del definitivo 4-1.

Senza Juanito, l'uomo simbolo di tutte le rimonte storiche, uno scoraggiato Real si presentò alla gara di ritorno con poche speranze di ribaltare quel 4-1. A ridare fiducia ai madrileni arrivarono la rete del solito Santillana e l'espulsione di Augenthaler, cacciato per un fallo di reazione su Sánchez. All'improvviso, anche il pubblico si rianimò, intravedendo la possibilità di un'altra *remontada*. Ma quella sera il Real si trovò di fronte uno straordinario Pfaff, i cui interventi consentirono al Bayern di limitare i danni. Il punteggio non si schiodò infatti dall'1-0.

L'eliminazione dalla Coppa dei Campioni non lasciò solo strascichi morali in casa Real Madrid. Il club ricevette una pesante sanzione per il comportamento dei propri tifosi, colpevoli di un infinito lancio di oggetti verso i giocatori tedeschi. Oltre alla multa, l'UEFA comminò poi una squalifica di due giornate al terreno di gioco, con un turno da giocarsi a porte chiuse e uno in uno stadio distante almeno 350 km da Madrid.

E SE ANDASSIMO IN AUSTRALIA?

20 aprile 1988, aeroporto Schiphol di Amsterdam. Seduti nella sala d'attesa, distrutti nel fisico ma ancor più nello spirito, i giocatori del Real stavano aspettando di imbarcarsi per Madrid quando improvvisamente l'altoparlante annunciò un volo in partenza per Sidney. Nelle loro menti rimbalzarono come dei flash maledetti i momenti chiave della gara: le parate di Hans van Breukelen, l'arbitraggio dello svizzero Bruno Galler, gli errori sotto porta…Tristi ed afflitti, Butragueño e Sanchís si scambiarono un'occhiata: «E se andassimo in Australia?» Era tanta la delusione per quell'eliminazione che i giocatori del Real Madrid avrebbero preferito sparire, e andare in capo al mondo, piuttosto che tornarsene a casa.

Quattro giorni dopo, il Real Madrid si proclamò di nuovo campione di Spagna, battendo 6-0 il Betis Sevilla, ma i festeggiamenti furono modesti, quasi contenuti. Quello che contava, in quel momento, era infatti la Coppa dei Campioni, un desiderio che si stava però trasformando in ossessione.

Il nuovo assalto alla *séptima* era iniziato il 16 settembre 1987 contro i campioni d'Italia del Napoli, guidati in attacco dall'asso argentino Maradona. In un Bernabéu vuoto per via della sanzione UEFA, il Napoli si presentò in campo con un atteggiamento abbastanza rinunciatario. Ottavio Bianchi, per l'occasione, chiese un sacrificio a tutta la squadra, Maradona compreso. Non ancora al top della forma, il fenomeno argentino fu affidato alla ferrea marcatura di Chendo, che lo seguì praticamente in ogni parte del campo, annullandolo. Anzi, sfruttando il fatto che il Napoli era arroccato principalmente dietro, il terzino madrileno si permise addirittura il lusso di attaccare. Così, in una sortita offensiva del Real Madrid, i ruoli si invertirono: Chendo si lanciò sulla fascia destra e Maradona fu costretto a rincorrerlo, chiudendolo verso la bandierina. Il terzino allora puntò il fantasista argentino e, dopo un paio di finte, tentò di superarlo con un tunnel. La palla passò fra le gambe di Maradona, il quale riuscì a non farsi saltare del tutto, rintuzzando l'attacco e guadagnando la successiva rimessa laterale.

Episodio curioso a parte, la partita fu ricordata più per l'insolito silenzio del Bernabéu che per lo spettacolo offerto in campo, e al Real bastarono due gol, uno per tempo, per assicurarsi la vittoria. Gli spagnoli furono superiori, nonostante il Napoli fosse comunque andato vicinissimo a marcare in un paio di occasioni, la prima con una conclusione di Bruno Giordano e la seconda quando un goffo rinvio di Gordillo si era stampato contro la traversa della porta madrilena.

Malgrado le poche speranze di passare il turno, il Napoli giocò tutte le carte a propria disposizione nella gara di ritorno. Era la prima gara interna assoluta in Coppa dei Campioni nella storia del club, e i tifosi napoletani non si fecero certo pregare per creare un ambiente ostile, non solo all'interno dello stadio. Stavolta Bianchi non si tirò indietro e schierò il tridente composto da Maradona, Giordano ed il brasiliano Careca, assente all'andata per infortunio. Spinto dal proprio pubblico, il Napoli partì in tromba, e al nono minuto il San Paolo esplose, quando il terzino Giovanni Francini marcò il gol del vantaggio.

Carichi a mille, i partenopei si gettarono di nuovo in

avanti alla ricerca del raddoppio e Buyo fu costretto a superarsi su due conclusioni ravvicinate di Careca. La dura legge del gol fu però fatale al Napoli: il Real rubò palla a centrocampo, con Sánchez che innescò Butragueño, liberatosi con uno dei suoi classici movimenti a tagliare. Davanti a Garella, il Buitre rimase freddo come un sicario e con un tocchetto morbido superò il portiere napoletano: 1-1 e sfida archiviata.

Dopo aver beccato i campioni d'Italia, il Real Madrid non fu fortunato nemmeno nel sorteggio degli ottavi, visto che l'urna li mise di fronte ai vincitori della precedente Coppa dei Campioni, i portoghesi del Porto. La squadra lusitana aveva perso in estate la stella Futre, ma ben otto elementi in campo contro il Real Madrid erano stati titolari nella finale di Vienna solo qualche mese prima. Sul neutro di Valencia, nonostante il 2-1 finale, il Real soffrì tantissimo, ribaltando la sfida solo grazie a una rete di Sanchís nell'ultimo minuto di recupero.

Beenhakker, complice numerose assenze, e consapevole che il Real avrebbe dovuto difendersi alla morte, si presentò nella gara di ritorno in Portogallo con un modulo inedito e con il terzino Jesús Ángel Solana sulla linea dei centrocampisti. L'esperimento però non funzionò. Il Porto andò in vantaggio grazie a una magistrale punizione di Antonio Sousa, e l'allenatore olandese fu costretto di nuovo a rivedere la formazione. Fuori proprio Solana, dentro Llorente, il quale si piazzò nella posizione di ala sinistra. Il Real beneficiò subito del cambio e Llorente iniziò a tormentare la difesa portoghese con i suoi affondi. Il Porto, incapace di trovare una efficace contromisura, ben presto capitolò. Fu una doppietta di Míchel a dare al Real la vittoria, due reti fotocopia arrivate dopo altrettante incursioni di Llorente.

Se l'urna era stata malevola in ben due occasioni, anche nel sorteggio dei quarti il Real Madrid fu tutto tranne che fortunato, beccando nuovamente il Bayern di Monaco. Una chance per vendicarsi dell'eliminazione della stagione precedente, ma anche l'ennesimo durissimo esame. L'andata venne di nuovo disputata in Germania, stavolta su un terreno di gioco appesantito dalla tanta neve caduta nelle ore precedenti alla gara. Inermi ed infreddoliti, come in un film già visto svariate volte, gli spagnoli andarono subito sotto di tre reti. Il Real sembrava quasi rassegnato a un'altra débâcle, quando all'improvviso spuntò fuori Butragueño. Mancavano solo cinque minuti alla fine, ma la rete del Buitre riattivò l'orgoglio madrileno. Con un pizzico di fortuna, arrivò anche il 3-2, grazie a una clamorosa papera di Pfaff su una punizione calciata da Sánchez. Al ritorno, i blancos fecero di nuovo valere la legge del Bernabéu, stavolta senza troppi patemi, con il 2-0 a sancire la qualificazione alle semifinali.

Nel dopo gara, un euforico Mendoza si sbilanciò, dichiarando che «non rimanevano più bestie nere, e che le bestie in Europa avrebbero incominciato a essere bianche.» Secondo lo sfacciato presidente, quello era l'anno buono. Finalmente il Real avrebbe coronato il sogno della *séptima*: dopo aver fatto fuori Maradona, Majer e Matthäus, potevano incutere timore gli olandesi del PSV Eindhoven?

Reduce da due titoli consecutivi di Eredivisie – che sarebbero poi diventati quattro, con quelli delle successive stagioni – il PSV era una squadra ben attrezzata, guidata in panchina da Guus Hiddink, promosso al ruolo di allenatore dopo essere stato assistente del precedente tecnico, Hans Kraay. Hiddink aveva subito dovuto ovviare alla partenza di Ruud Gullit, il protagonista dei primi due titoli, ma la perdita del solista principale non si ripercosse più di tanto nei risultati. Nella nuova stagione il PSV stabilì un invidiabile record di 22 vittorie consecutive e, veleggiando verso il terzo titolo domestico, poté concentrare i propri sforzi sulla Coppa dei Campioni. Senza Gullit, Hiddink aveva richiamato dall'Italia il centravanti Wim Kieft, dopo quattro deludenti stagioni con Pisa e Torino, mentre l'ala sinistra Hans Gillhaus era stato acquistato dal Den Bosch. A completare la squadra c'erano gli esperti centrocampisti danesi Lerby e Arnesen, il barbuto terzino belga Gerets, la talentuosa ala destra, di scuola Ajax, Gerard Vanenburg e il difensore centrale Ronald Koeman, il pezzo pregiato della rosa a disposizione di Hiddink.

Koeman era un giocatore straordinario che poteva giocare sia centrale difensivo che mediano: all'apparenza lento, aveva un innato senso della posizione, era dotato di una ottima tecnica e possedeva una superba visione di gioco che gli permetteva di impostare la manovra a proprio piacimento dalla retroguardia. In più, era in possesso di un tiro potentissimo e le sue punizioni erano micidiali. Fra club e nazionale arrivò a segnare la bellezza di oltre 200 reti, quasi tutte da calcio piazzato o con tiri dalla distanza.

Se in Olanda il PSV era una corazzata che riuscì a segnare 117 reti in campionato – Kieft riscoprì di nuovo la vena realizzativa, e fu capocannoniere con 29 marcature – in Europa gli uomini di Hiddink si distinsero principalmente per la loro organizzazione. Squadra non spettacolare, ma incredibilmente efficace. Come nei quarti di finale contro il Bordeaux, quando era bastato un 1-1 in Francia e un pareggio a reti bianche in casa per legittimare l'accesso alle semifinali. Ovviamente, Hiddink ripropose la stessa tattica anche per la semifinale d'andata, disputatasi al Bernabéu.

Nonostante il vantaggio del Real, arrivato nei primissimi minuti, gli olandesi non si scomposero mai, rimanendo estremamente compatti e concentrati, aspettando un eventuale errore dei madrileni, che non tardò ad arrivare. Al ventesimo minuto la difesa spagnola sbagliò la chiusura, lasciando Edward Linskens solo davanti a Buyo. Il giovane mediano, che aveva debuttato nella massima serie olandese solo nel gennaio precedente, non era certo un habitué dell'area di rigore – quello fu infatti il suo primo gol in carriera – e calciò in maniera goffa, ciabattando il tiro. Fu proprio la conclusione scoordinata che ingannò Buyo, il quale, spiazzato, poté solo osservare la palla passargli lentamente sotto le gambe.

Il Real Madrid non sembrò però prestare troppa attenzione a quel gol. Con un po' troppa convinzione e presunzione, tardò a riprendere in mano il gioco, e nemmeno l'ingresso del solito Llorente produsse scossoni. Il PSV, dal canto suo, continuò a difendersi con ordine, portando a casa un preziosissimo 1-1.

A Eindhoven la gara fu frustrante. Il PSV pensò di nuovo solo a contenere, rintuzzando gli attacchi madrileni, e mettendo il naso nella metà campo avversaria solo in rare occasioni. Butragueño e Sánchez fallirono due facili palle gol nel primo tempo, poi, dopo un palo colpito da Lerby, l'assiedo del Real Madrid riprese, proseguendo fino all'ultimo instante. A cinque minuti dal termine fu ancora Sánchez a far gridare al gol con una delle sue solite rovesciate, ma Van Breukelen si accartocciò e respinse d'istinto. Fu l'ultimo sussulto degno di nota. Al novantesimo minuto esatto, senza aggiungere nemmeno un secondo di recupero, lo svizzero Galler fischiò la fine, scatenando l'ira dei giocatori del Real Madrid. Míchel, fuori di sé, arrivò quasi ad aggredire fisicamente il direttore di gara, beccandosi una squalifica di nove giornate, poi ridotte a tre dopo il ricorso.

Come da copione, il PSV di Hiddink proseguì la scia di pareggi impattando anche la deludente finale di Stoccarda contro il Benfica, e battendo i portoghesi solo ai calci di rigore. Fra quarti, semifinali e finale, gli olandesi segnarono solo due reti, non vincendo nemmeno una gara. Tuttavia, la Coppa dei Campioni finì nella loro bacheca. In casa Real Madrid, invece, nemmeno la vittoria nella Liga riuscì a riportare il sorriso. Gli spagnoli erano senza dubbio la squadra più forte d'Europa e questo faceva aumentare ancor di più il rammarico per l'opportunità gettata al vento.

EURO 1988: UN DISASTRO ANNUNCIATO

Nell'estate 1986, subito dopo l'eliminazione per mano del Belgio, in Spagna ci fu chi parlò di una occasione persa, criticando le scelte di Muñoz, mentre altri sostennero che la Roja avesse fatto il massimo, dando così al tecnico grossi meriti del rilancio. La federazione optò per la continuità, e Muñoz venne quindi riconfermato con l'incarico di guidare la Selección fino ai Campionati Europei del 1988, che si sarebbero disputati in Germania Ovest.

Oltre all'esplosione di Butragueño e la sua Quinta, una intera nuova generazione stava bussando alle porte della nazionale spagnola. Zubizarreta, Eloy e Julio Salinas già avevano figurato in Messico, mentre l'Under-21 era reduce dal trionfo nell'Europeo 1986, dove aveva battuto l'Italia ai calci di rigore al termine di due tiratissime finali. Il leader di quella squadra era José María Bakero, centrocampista offensivo della Real Sociedad, che a soli 24 anni poteva già vantare quasi 200 presenze in campionato, 50 reti e due titoli di Liga nel proprio palmares. Guidata dal mitico Luis Suárez – ex giocatore di Barcelona e Inter, il primo e unico spagnolo a vincere un Pallone d'Oro, nel 1960 – quell'Under-21 fu una autentica fucina di talenti destinati a essere protagonisti nella Liga: il portiere Carlos Ablanedo; i difensori Quique Sánchez Flores, Sanchís, Solana e Andrinúa; i centrocampisti Eusebio Sacristán, Roberto Fernández, Aitor "Txiki" Begiristain e Martín Vázquez; gli attaccanti Eloy, Ramón Vázquez, Pardeza e Llorente.

Muñoz iniziò subito il rinnovamento della Roja: Sanchís debuttò nel novembre 1986, mentre nel giro di pochi mesi, molti elementi di quell'Under-21 ottennero la chance di giocare con la nazionale maggiore. Bakero, Andrinúa, Sanchís, Begiristain, Eusebio, Martín Vázquez ed Eloy furono tutti convocati per l'Euro 1988, competizione alla quale la Spagna di qualificò di nuovo per il rotto della cuffia.

Inseriti in un girone comprendente Romania, Austria ed Albania, gli spagnoli fecero il proprio compito in casa, ma soffrirono tremendamente fuori. Un film già visto, almeno per i giocatori del Real Madrid. Con un turno da giocare, con la differenza reti nettamente a favore della Romania, la Spagna trovò un prezioso alleato nell'Austria, che impose il pari ai rumeni mentre gli spagnoli si sbarazzarono facilmente dei modesti albanesi, battuti 5-0 grazie a una tripletta di Bakero.

Con sole otto nazioni presenti, divise in due gironi, la vecchia formula del Campionato Europeo garantiva che solo l'élite del vecchio continente fosse presente. E infatti, oltre alla Germania Ovest, organizzatrice del torneo, c'erano l'Italia, l'Unione Sovietica, l'Inghilterra, la Danimarca, l'Olanda e l'Irlanda, quest'ultima l'unica a poter essere considerata in parte una sorpresa. In mezzo a tanti squadroni, la Spagna arrivò in Germania con il ruolo di outsider. Sebbene risultasse difficile stimarne il vero valore, la Roja era comunque una compagine temuta da tutti, soprattutto per quando messo in mostra in Messico, e per la presenza di Butragueño, oramai consolidatosi come uno dei più forti giocatori in circolazione.

La Spagna iniziò il torneo superando la Danimarca per 3-2, anche se quel successo si rivelò poi una gioia effimera: i danesi erano difatti una copia sbiadita di quelli visti negli anni precedenti, e della *Danish Dynamite* era rimasta solo l'ombra. La Danimarca avrebbe infatti concluso l'Europeo con zeri punti e sette gol incassati, mentre le due rifilate a Zubizarreta furono anche le loro uniche marcature. Ma la vittoria, e il contemporaneo pareggio fra Italia e Germania Ovest, aveva spedito la Spagna in testa al girone. Così, nel secondo turno, furono gli Azzurri quelli che si presentarono con l'obbligo di vincere.

Anche l'Italia, come gli spagnoli, si presentò all'Europeo con una squadra nettamente rinnovata, con il nuovo tecnico Azeglio Vicini promosso dall'Under-21 per avviare un nuovo ciclo. L'obbiettivo della nazionale italiana era principalmente quello di collaudarsi in vista del Mondiale 1990, ma dopo il buon pareggio contro la Germania Ovest l'ambiente era carico di ottimismo. La gara fu tirata e molto equilibrata. Gli Azzurri furono più propositivi e fin dall'inizio si fecero pericolosi dalle parti di Zubizarreta con un vivace, anche se poco preciso, Gianluca Vialli. Butragueño, schierato centravanti, con il solo Bakero a supporto, risultò troppo isolato in avanti e si dimostrò nuovamente a disagio nel ruolo di punta unica. Míchel, che alla vigilia era stato nominato dalla stampa italiana come "pericolo numero uno", fu invece letteralmente imbrigliato dal controllo del giovane Paolo Maldini, e la sua partita finì anzitempo dopo un risentimento muscolare.

La conferma che il Buitre fosse in serata negativa arrivò nel secondo tempo, quando fallì incredibilmente un tap-in da pochi metri, con la porta spalancatagli da una uscita a vuoto di Zenga. Quella fu però anche l'unica occasione degna di nota degli spagnoli. Scampato il pericolo, gli Azzurri ripresero a macinare gioco e, dopo alcuni buoni interventi, Zubizarreta fu finalmente costretto a capitolare: deliziosa combinazione Altobelli-Vialli, e diagonale vincente del centravanti sampdoriano.

Nonostante la sconfitta, teoricamente la Spagna conservava ancora speranze di qualificarsi alle semifinali, anche se avrebbe dovuto vincere contro i padroni di casa della Germania Ovest all'Olympiastadion di Monaco, una impresa fattibile solo sulla carta. Sospinti dal proprio pubblico, i tedeschi fecero infatti valere il loro maggiore spessore, liquidando la formazione iberica con un secco 2-0 grazie a una doppietta del centravanti Rudi Völler.

Come previsto, l'eliminazione aprì i soliti processi: la stampa spagnola, sempre pronta amplificare la gravità degli eventi, parlò di "disastro annunciato", con il tecnico Muñoz che finì ovviamente sul banco degli imputati, stavolta con poche attenuanti. L'impiego di Butragueño come punta unica non aveva convinto, mentre Martín Vázquez, uno dei pochi in grado di accendere la manovra, avrebbe forse meritato più spazio, viste le lampanti carenze in fase di costruzione mostrate dalla Spagna. La difesa poi aveva perso due robusti pilastri come Maceda e Goikoetxea, con la giovane coppia Andrinua-Sanchís che non garantiva ancora la stessa solidità, specialmente in un palcoscenico come quello dell'Europeo. Ma i problemi non furono solo di carattere tecnico. I giocatori del Real Madrid, per esempio, erano arrivati psicologicamente distrutti dopo l'eliminazione per mano del PSV in Coppa dei Campioni: in Germania, il Buitre e i suoi compagni di club sembrarono svuotati di energie.

LA BESTIA (ROSSO)NERA

Il Real Madrid iniziò la stagione 1988-89 con un solo obbiettivo in testa. Vincere "solamente" la Liga oramai non bastava più: per dare lustro alla torta, occorreva completarla con la famosa ciliegina, la Coppa dei Campioni, la tanto desiderata *séptima*. Quell'anno poi la finale si sarebbe disputata a Barcelona, e ciò aumentò maggiormente la posta in palio: vincerla in casa dei tanto odiati rivali sarebbe stato il massimo.

Il Real iniziò la propria avventura europea sbarazzandosi prima dei norvegesi del Moss e poi dei polacchi del Górnik Zabrze prima di ritrovarsi di nuovo di fronte il PSV Eindhoven, nei quarti. Gli olandesi, sempre guidati da Hiddink, avevano conservato l'ossatura della vittoriosa annata precedente, aggiungendoci però il centravanti brasiliano Romario, prelevato dal Vasco da Gama. La sfida, come dodici mesi prima, fu di nuovo estremamente equilibrata.

L'andata, giocatasi in Olanda, terminò 1-1 ma il PSV si dimostrò ancora una volta un osso duro, e nel ritorno del Bernabéu fu proprio Romario a pareggiare i conti, dopo il vantaggio di Sánchez. Si andò così supplementari: con alcuni elementi a corto di ossigeno, su tutti Schuster, con il passare dei minuti il Real Madrid aveva perso la padronanza del gioco. Lerby e Koeman erano saliti in cattedra e gli olandesi sembravano essere in controllo della gara. A rompere l'equilibrio arrivò però un lampo di Martín Vázquez, imbeccato da Sánchez con una sponda di petto, la cui staffilata si infilò alle spalle di Patrick Lodewijks. Il Bernabéu esplose di gioia, anche se qualche minuto dopo il pubblico ebbe uno spavento incredibile, quando Agustín si immolò su un colpo di testa ravvicinato di Lerby, salvando così risultato e qualificazione.

Il veterano Agustín, ripescato dalla panchina per via della squalifica del titolare Buyo, non rappresentò però l'unica novità nella formazione di Beenhakker. A colpire tutti fu infatti l'assenza di Butragueño, che quella sera fu mandato in campo solo negli ultimi cinque minuti dei tempi supplementari. Scelta che naturalmente fece scaturire una marea di critiche verso l'allenatore olandese. Nel post-gara, Beenhakker provò a difendersi ostinatamente, spiegando che era stata una decisione puramente tattica: impaurito dalle scorribande di Gerets sulla fascia destra, aveva deciso di schierare infatti il duttile Llorente, molto più disciplinato rispetto a Butragueño in fase di non possesso e quindi maggiormente predisposto nel seguire il terzino avversario in caso si fosse sganciato in avanti

In teoria, quella scelta poteva avere anche della logica. Llorente garantiva un prezioso lavoro di copertura, e allo stesso tempo era in grado di supportare l'attacco. Quella sera fu poi uno dei migliori. Tuttavia, con il passare dei minuti, Hiddink trovò le giuste contromosse: l'attacco del Real Madrid, con il solo Sánchez a combattere in avanti, finì per essere troppo spuntato.

L'assenza di Butragueño provocò grande scalpore fra gli addetti ai lavori. Come era possibile che il Real avesse fatto a meno di lui, la stella della squadra, nella gara più importante della stagione? In molti fecero sentire la propria opinione a riguardo. Cruyff, tecnico del Barcelona, non si tirò certo indietro nel manifestare la propria incredulità. Secondo lui, il Real Madrid era infatti "Butragueño e altri dieci". Cruyff aggiunse pure che, fosse stato lui l'allenatore, il Buitre non sarebbe mai finito in panchina. «*Tonterías*» - cavolate - ribatté uno stizzito Beenhakker in risposta alle dichiarazioni di Cruyff. Fra i due non c'era mai stata grossa stima: nel 1980, con Beenhakker alla guida dell'Ajax, un insoddisfatto Cruyff, all'epoca consulente tecnico del club, durante una gara aveva lasciato la tribuna, si era fatto aprire i cancelli del campo per poi sedersi in panchina e iniziare a impartire direttive ai giocatori. Beenhakker, sottomesso da quel gesto, era stato a guardare. L'Ajax, in quel momento sotto 3-1, ribaltò naturalmente il risultato, vincendo 5-3. Per Cruyff l'ennesima prova di onnipotenza, mentre per Beenhakker una umiliazione in piena regola

Vecchi attriti a parte, il punto evidenziato da Cruyff era comunque chiaro: in una gara di coppa, contro i campioni in carica, per giunta di fronte al proprio pubblico, non vi erano ragioni tattiche che reggessero per dover lasciare in panchina il miglior giocatore, l'uomo simbolo della squadra, uno che durante le notti europee era solito esaltarsi.

Anche Butragueño non tardò a manifestare il proprio malumore a riguardo. L'attaccante disse di aver accettato la decisione, e che era comunque contento per la vittoria. Aggiunse però che, secondo lui, un attaccante avrebbe dovuto avere il compito di attaccare, e non quello di marcare il terzino avversario. Una risposta diplomatica, ma allo stesso tempo pungente. In realtà il Buitre era furioso per non aver potuto prendere parte a una gara così importante, e il presidente Mendoza fu costretto di nuovo a far da paciere. Qualche mese prima, infatti, pure Martín Vázquez era apparso annoiato dalle sistematiche sostituzioni. Nonostante i successi, stavano emergendo malcontenti verso l'operato di Beenhakker. E mettersi contro parte della Quinta non stava giocando a suo favore.

Anche la stampa spagnola ci andò pesante. Per il *Mundo*

Deportivo, con tale mossa, l'allenatore olandese si era scavato la propria fossa. Malgrado il passaggio del turno, quello rappresentava il punto più basso della sua gestione. In realtà si sbagliavano tutti. Il momento più umiliante sarebbe arrivato un mese più tardi.

Tolti di mezzo i campioni uscenti del PSV, sulla propria strada il Real Madrid si trovò di fronte una delle forze emergenti del calcio europeo, il Milan. Il sorteggio dell'UEFA fu piuttosto beffardo: da un lato la sfida fra i modesti turchi del Galatasaray e la Steaua di Bucarest, dall'altra quella fra Real e Milan, incontro considerato da tutti come una finale anticipata.

Le due squadre si erano già incontrate in amichevole nel settembre precedente, e i rossoneri avevano impressionato gli spagnoli, infliggendo un pesante 3-0 ai blancos e mostrandosi squadra tremendamente organizzata. Anche la partita d'andata, disputatasi a Madrid e terminata 1-1, non fece che confermare il valore della squadra diretta da Sacchi, dando inoltre molte indicazioni su chi probabilmente avrebbe passato il turno: il Real andò per primo in vantaggio, ma il dominio del Milan era stato palese. Anche la stampa spagnola ammise le differenze viste in campo, sottolineando il fatto che il Milan fosse "una grande squadra", mentre il Real era solamente "una squadra composta da grandi giocatori". Il pressing asfissiante e la tattica del fuorigioco avevano mandato in tilt la manovra madrilena, e solo l'imprecisione sotto porta da parte dei rossoneri aveva permesso infatti agli spagnoli di cavarsela con un pareggio.

A Milano, la musica non cambiò, anzi. Consapevole che all'andata il suo 3-5-2 – con gli esterni Chendo e Gordillo inchiodati dietro per contenere Alberigo Evani e Angelo Colombo sulle fasce – non aveva funzionato contro il perfetto 4-4-2 milanista, Beenhakker decise allora di ritoccare il proprio schieramento: fuori il difensore centrale Tendillo e dentro Llorente. In quell'approssimato 3-4-2-1, Míchel fu spostato sulla fascia destra, mentre

Butragueño e Llorente si piazzarono alle spalle di Sánchez. L'obbiettivo era chiaro: a Llorente sarebbe toccato l'onere di pressare i difensori milanisti non appena avessero ricevuto palla, impedendogli di manovrare in piena libertà.

Tecnicamente le due squadre si equivalevano, ma tatticamente vi era un abisso. I rossoneri erano un'orchestra perfetta in tutti i reparti, con meccanismi da orologio svizzero, mentre il Real era abile e ordinato in fase di possesso palla, ma terribilmente in confusione una volta la sfera tornava nei piedi dei giocatori avversari. Il piano tattico di Beenhakker risultò efficace solamente nei primi minuti, nei quali il Milan, partito un po' contratto, faticò ad esprimersi. Ma, dopo il gol di Carlo Ancelotti i rossoneri finalmente si sciolsero e così arrivò anche il raddoppio di Frank Rijkaard, a cui fece seguito il 3-0 di Gullit a fine primo tempo. La presenza di Llorente aveva finito per togliere spazio a Butragueño, disabilitando l'effettività della sua partnership con Sánchez, mentre anche l'assenza di Tendillo fu questionata: la seconda e terza rete subite furono entrambe subite su palle inattive. Ma sarebbe ingiusto attribuire eccessive colpe alla tattica o alla formazione schierata da Beenhakker. Quel Milan era di un'altra dimensione, e nella ripresa il punteggio fu arrotondato altre due volte: un 5-0 che entrò di diritto, per opposte ragioni, nella storia di entrambi i club.

Come previsto, due giorni dopo la sconfitta di Milano, Mendoza dichiarò che Beenhakker avrebbe lasciato la panchina del Real Madrid. Il tecnico olandese terminò il proprio ciclo vincendo la Coppa del Re contro il Valladolid, trofeo che si aggiunse ai tre titoli di Liga ottenuti in precedenza. Nonostante gli insuccessi europei, la sua parabola madrilena fu comunque positiva, e gran merito della crescita della Quinta fu anche il suo. Quello che a Beenhakker mancò, però, fu la personalità per imporre un modello in grado di vincere anche in Europa, obbiettivo che divenne primario anche per il suo successore, il gallese John Benjamin Toshack.

Leggenda del calcio britannico, soprattutto dalle parti di Liverpool e Swansea, Toshack si presentò a Madrid forte di una esperienza di quattro anni nella Liga, maturata sulla panchina della Real Sociedad, con la quale collezionò due secondi posti in campionato e una vittoria in Coppa del Re. Tuttavia, nemmeno Toshack fu capace di invertire la tendenza in Europa, e nella stagione 1989-90 fu di nuovo il Milan a infrangere i sogni del Real Madrid, stavolta già a novembre.

L'andata stavolta si giocò a Milano, e dopo quattordici minuti i rossoneri si trovarono già sul 2-0. L'incubo di subire un'altra goleada attraversò la mente di molti giocatori del Real, ma fortunatamente per loro il Milan non seppe approfittarne. Fisicamente, i rossoneri non erano al massimo: in Serie A si trovavano momentaneamente all'ottavo posto, avendo perso già tre volte in soli due mesi di campionato. Inoltre, molti degli uomini chiave erano fuori uso – Gullit, per esempio, avrebbe saltato tutta la stagione - o alle prese con acciacchi fisici. Alla fine, perdere "solo" 2-0, fu considerato addirittura un ottimo risultato. Mendoza, con un atto di spavalderia, arrivò persino a dichiarare che il suo Real avesse ancora molte chance di passare il turno.

Se la precedente stagione Beenhakker aveva provato qualche variazione tattica – seppur senza successo – nella gara di ritorno Toshack si accontentò invece di bypassare il pressing rossonero ricorrendo ai lanci lunghi dalla difesa, finendo praticamente per rendere inutile la presenza dei propri centrocampisti. La rudimentale tattica complicò anche il lavoro dei propri attaccanti, costretti a lottare su palle sporche e spesso inarrivabili. La difesa milanista, guidata con sapienza da uno strepitoso Franco Baresi, fu invece perfetta: i giocatori spagnoli finirono in fuorigioco ben ventiquattro volte.

Incapace di vincerla con le buone, il Real tentò allora la carta del gioco duro: Ruggeri, Sanchís, Hierro e Julio Llorente, a turno, presero di mira le gambe dei rossoneri, soprattutto quelle di Van Basten e di Daniele Massaro, con entrate da Codice penale. Malgrado la confusione, il Real Madrid trovò perfino il vantaggio sul finire di primo tempo: fu il solito Butragueño a ribattere in rete una conclusione di Julio Llorente terminata sul palo. Ma quello, per la cronaca, fu anche l'unico tiro in porta dei blancos durante l'intera gara. Nella ripresa, con i cambi già effettuati, Francisco Llorente si infortunò alla spalla, mentre Sanchís rimediò la seconda ammonizione dopo l'ennesimo calcione rifilato al povero Massaro. In nove contro undici gli spagnoli alzarono bandiera bianca: la Coppa dei Campioni continuava a rimanere per loro una chimera.

La prematura eliminazione permise al Real Madrid di concentrarsi in campionato, dove arrivò un altro titolo di Liga, il primo targato Toshack. Per il gallese, comunque, quello sarà anche il suo unico trofeo conquistato sulla panchina del Real. Toshack fu infatti esonerato nella stagione successiva, con la squadra sesta in classifica, e nonostante aver conquistato a suon di goleade la qualificazione ai quarti di Coppa dei Campioni: contro i danesi dell'Odense e gli austriaci Swarovski Tirol furono segnate la bellezza di 21 reti in totale. Non sapendo che pesci prendere, Mendoza richiamò allora Di Stéfano al capezzale del Real Madrid.

La leggenda argentina si presentò conquistando la Supercoppa di Spagna ai danni del Barcelona, ma nella Liga le cose non migliorarono. In ogni caso, rimaneva la Coppa dei Campioni ancora da giocare e, dopo il pareggio a reti bianche in casa dello Spartak Mosca, la qualificazione alle semifinali sembrava una formalità. Nella gara di ritorno, poi, il Real passò subito in vantaggio con Butragueño. Ma anziché dare la carica ai giocatori spagnoli, il gol terminò per galvanizzare quelli russi, ispirati dalla creatività di Igor Shalimov e Valeri Karpin. Il Real andò in corto-circuito: una doppietta di Dmitri Radchenko ribaltò il risultato prima che Valeri Shmarov facesse ammutolire definitivamente il Bernabéu, segnando il 3-1. Real al tappeto e Spartak Mosca in semifinale.

Tre anni dopo essere stati eliminati dal PSV, la musica non era cambiata. Anzi, la situazione era peggiorata. Ogni anno gli spagnoli avevano trovato di fronte un ostacolo che aveva interrotto la corsa verso la *séptima*, e il contemporaneo arrivo sulla scena europea del Milan era servito ad accelerare ulteriormente il crollo: a quel punto la Coppa dei Campioni non era più un sogno ma una utopia. Soprattutto, era qualcosa di inarrivabile.

Subito dopo la gara con lo Spartak Mosca, un deluso pubblico arrivò a fischiare la squadra. Nel post-partita un triste Butragueño parlò addirittura di "fine di un ciclo", quello suo e della sua Quinta. In mezzo a tanta frustrazione, Sanchís fu l'unico ad andare controcorrente. Il difensore dichiarò che in un grande club come il Real Madrid non vi erano cicli, bensì solo ricambi di giocatori, aggiungendo poi che l'inseguimento di quella tanto desiderata Coppa non si sarebbe certo interrotto lì.

ITALIA 90: IL CANTO DEL CIGNO

Destituito Muñoz, la guida della Selección venne affidata a Suárez, il quale prese in mano il timone nell'agosto 1988. Il nuovo tecnico, che durante l'Europeo aveva scalpitato dietro le quinte, sembrò essere l'uomo giusto per completare il lavoro del proprio predecessore e far compiere un ulteriore salto di qualità alla squadra, soprattutto per aver guidato la maggior parte di loro durante la sua precedente esperienza con l'Under-21.

Il nuovo ciclo iniziò con una sconfitta casalinga per mano della Jugoslavia, a cui fece seguito il pari contro i campioni del mondo dell'Argentina. Tuttavia, quando si iniziò a fare sul serio, la Selección rispose presente. Nelle prime cinque gare di qualificazione al Mondiale 1990 la Roja ottenne altrettanti successi, segnando 14 reti, con la porta che rimase inviolata per ben 465 minuti. In Irlanda, arrivò l'unica sconfitta del girone, peraltro ininfluente. La Spagna terminò prima nel suo girone con 13 punti davanti proprio agli irlandesi, anch'essi qualificati, con una differenza reti di +17, la migliore in tutta Europa.

Tra le facce nuove a disposizione di Suárez, quello che si mise più in mostra fu senza dubbio Manuel "Manolo" Sánchez Delgado. Manolo era il centravanti dell'Atlético Madrid, che lo aveva prelevato dal Murcia nell'estate del

1988, e sembrava essere l'alter-ego colchonero di Butragueño: piccoletto e guizzante, Manolo sapeva muoversi bene in mezzo ai difensori avversari e aveva il fiuto per il gol. In quelle qualificazioni era stato il miglior realizzatore spagnolo, assieme a Míchel, con cinque reti, e nella stagione '91-92 avrebbe confermato poi le sue doti di bomber conquistando il titolo di capocannoniere nella Liga. Sembrava che a Suárez piacesse un attacco di piccoletti: anche l'altro esponente della Quinta, Pardeza, fu convocato per il Mondiale, soprattutto grazie alle 15 reti realizzate con la maglia del Real Zaragoza.

La Spagna arrivò in Italia con il solito carico di illusioni, che però vennero subito spazzate via dopo la gara iniziale. Contro l'Uruguay allenato dal "maestro" Óscar Washington Tabárez, la Spagna soffrì l'organizzazione di gioco e il pressing sudamericano, salvando la propria pelle solo grazie alle parate di Zubizarreta e all'imprecisione dell'attacco celeste, con Rubén Sosa che spedì alle stelle un calcio di rigore.

La scarsa prestazione, che comunque fruttò un pareggio, aumentò a dismisura il numero dei detrattori di Suárez, con le polemiche che non risparmiarono nemmeno gran parte dei giocatori. I risultati del girone di qualificazione, ottenuti forse più per la scarsità degli avversari che per la bontà del gioco spagnolo – oltre all'Irlanda, vi erano infatti le modeste Ungheria, Irlanda del Nord e Malta – si stavano infatti rivelando ingannevoli. Così la stampa non tardò a tirar fuori teorie complottiste, secondo le quali la Selección era divisa in due blocchi: quello del Real Madrid, la cui predominanza nel gruppo era netta, e il resto dei giocatori.

Nei mesi precedenti al Mondiale la rivalità fra Barça e Real si era poi di nuovo riaccesa. Ad aprile era stata giocata la finale di Coppa del Re, vinta dal Barcelona, nella quale era successo di tutto: fallacci di ogni tipo, aggressioni verbali e fisiche, polemiche arbitrali a non finire. Al fischio finale Zubizarreta, colpito da un oggetto lanciato dai tifosi del Real Madrid, riportò un vistoso taglio alla testa, mentre Chendo arrivò persino a dichiarare ai microfoni di *Cadena SER* che la Coppa era stata vinta "da una squadra straniera". Questo bastò per alimentare teorie di divisioni all'interno del gruppo, con Suárez che accusò subito il peso del proprio ruolo.

In una competizione tanto logorante a livello psicologico come il Mondiale, il tecnico non riuscì a dissimulare il suo eccessivo nervosismo, perdendo le staffe e arrivando incluso a battibeccare con vari membri della stampa. Nel clima teso e ricco di incertezze, a farne le spese fu Manolo, il cui posto in squadra venne preso da Julio Salinas. Una decisione drastica, ma allo stesso tempo logica: Manolo e Butragueño erano visti come giocatori troppo simili fra loro, e, con l'energico Salinas in avanti a fare a sportellate con i difensori avversari, il Buitre avrebbe potuto godere di maggior libertà. Partendo qualche metro più dietro poi, Butragueño sarebbe stato più vicino a Míchel e Martín Vázquez, compagni di club con cui si intendeva a occhi chiusi. Una mossa – che, secondo i malpensanti, era stata imposta proprio dal blocco del Real Madrid - studiata ad hoc per ricreare l'ambiente perfetto nel quale la Quinta si sarebbe dovuta esprimere al meglio. Da quel momento, nel bene o nel male, le sorti della Spagna sarebbero dipese esclusivamente da loro.

La prima risposta alle critiche arrivò sul campo, contro la Corea del Sud, battuta per 3-1. Il protagonista della gara fu Míchel, autore di una tripletta, che sfogò tutta la propria frustrazione urlando a squarciagola "me lo merito!" dopo il terzo gol. Per lui, uno dei più bersagliati dalla stampa, quella tripletta fu una liberazione. Tuttavia, quel 3-1 fu meno facile di quanto il punteggio finale potesse far immaginare. I coreani attuarono fin dall'inizio un pressing asfissiante del quale gli spagnoli riuscirono a liberarsi solo con il passare dei minuti, quando gli avversari calarono di intensità e la Spagna poté far valere il suo maggior peso tecnico.

La Spagna si assicurò poi il passaggio del turno, come prima del girone E, grazie al 2-1 sul Belgio, piccola rivincita sulla compagine che quattro anni prima aveva infranto i sogni di gloria delle Furie Rosse. Gli spagnoli mostrarono notevoli segnali di ripresa: una combinazione della nuova coppia d'attacco Butragueño-Salinas aveva fruttato il rigore dell'1-0, e nel primo tempo la Roja, guidata da un superbo Martín Vázquez, aveva messo in mostra un ottimo calcio. Nella ripresa c'era stato però un calo, e ancora una volta la fortuna era stata dalla loro parte: come l'Uruguay, anche il Belgio aveva fallito un calcio di rigore. Ma quello che contava era comunque il risultato, e Suárez approfittò dell'euforia generale per togliersi qualche sassolino dalle scarpe di fronte ai giornalisti. La stampa spagnola cambiò di nuovo il tiro, esaltando il momento, anche se qualcuno ci andò cauto. La Roja aveva passato sì il turno, eppure rimaneva una squadra che era in grado il meglio e il peggio di sé, non solo da una gara all'altra, ma anche all'interno dei novanta minuti.

La riprova si ebbe il 26 giugno 1990, allo stadio Bentegodi di Verona. Negli ottavi di finale, la Spagna si trovò di fronte la Jugoslavia, che all'inizio dei Mondiali era stata data come una delle possibili sorprese. In realtà gli slavi avevano deluso un po': si erano qualificati come secondi nel proprio girone - che comprendeva Germania Ovest, Colombia ed Emirati Arabi Uniti - ma in generale le loro prestazioni erano state molto al di sotto delle aspettative. La Spagna iniziò la gara con il piede giusto, e Martín Vázquez si dimostrò ancora una volta il migliore dei suoi. In avvio si permise addirittura di umiliare il fantasista rivale Dragan Stojkovic con un "sombrero", mentre giusto un paio di minuti dopo si fece sessanta metri di campo palla al piede, prima di scoccare un insidioso tiro dal limite, trattenuto a fatica da Tomislav Ivkovic. La respinta finì esattamente sui piedi di Butragueño, ma l'attaccante del Real Madrid, da pochi passi, chiuse troppo l'angolo di tiro, fallendo così una clamorosa palla gol.

Coadiuvato da Roberto, lo straripante Martín Vázquez fu il mattatore della gara: le azioni spagnole dipesero principalmente da lui, anche se il fantasista del Real Madrid risultò impreciso al momento di concludere in porta.

Poco prima dell'inizio della sfida, Di Stéfano, che durante il Mondiale lavorò come commentatore tecnico per *RTVE*, aveva dichiarato: «La Spagna deve badare al sodo, e puntare alla vittoria, perché, in questo Mondiale, chi gioca bene alla fine termina perdendo. Niente fronzoli quindi, bisognerà essere pratici.» Gli spagnoli invece fecero proprio il contrario, giocando discretamente ma sbagliando molto davanti all'incerto Ivkovic. Così, quando un colpo di testa a botta sicura di Butragueño si stampò sul palo, qualcuno incominciò a preoccuparsi.

Stojkovic durante la gara non si era visto molto, un po' per mancanza di ispirazione, un po' perché il tecnico Ivica Osim gli aveva chiesto di sacrificarsi. In alcuni momenti della gara era stato costretto a coprire la fascia destra, prevenendo che gli spagnoli sfondassero con libertà su quel lato. La Jugoslavia era rimasta a lungo chiusa, concedendo il possesso palla agli avversari, e questo aveva diminuito l'efficacia di un uomo di classe come Stojkovic, uno abituato ad avere la palla fra i piedi e comandare il gioco. Ma il fantasista della Stella Rossa aveva capito che quella sarebbe stata una giornata difficile, e che era importante rimanere a lungo nascosti, per poi uscire allo scoperto nei momenti giusti. E così, al settantottesimo, Stojkovic entrò in scena, stavolta dalla porta principale. L'azione slava fu avviata da Zlatko Vujovic, che approfittò di un errore di Chendo per andarsene sulla fascia sinistra. Con la difesa spagnola sorpresa e mal piazzata, Vujovic resistette all'intervento di Sanchís prima di pennellare al centro un cross, prolungato sul secondo palo dalla spizzata di Srečko Katanec. Stojkovic, che aveva seguito l'azione, si fece trovare puntuale: elegante stop, e rasoterra chirurgico che non diede scampo a Zubizarreta.

Sotto di una rete, fu di nuovo Martín Vázquez a

prendersi sulle spalle la Spagna e propiziare il pareggio, quando un suo diagonale fu corretto in gol da Julio Salinas. Purtroppo, la gioia durò pochissimo. All'inizio dei supplementari la Jugoslavia conquistò un calcio di punizione, una decina di metri fuori area, in posizione centrale. Stojkovic annusò di nuovo l'occasione. Il fantasista jugoslavo sferrò un tiro forte e preciso che trovò un buco nella barriera, infilandosi nell'angolino basso alla sinistra di Zubizarreta.

Il secondo gol subito fu fatale alla Spagna. Senza le energie e la lucidità sufficienti, gli spagnoli furono costretti ad abdicare. Míchel e Butragueño- che il giornalista della *Stampa* Curzio Maltese definì, burlandosi del suo soprannome, "uno sparviero da voliera" – fornirono una prestazione insufficiente, con il Buitre addirittura sostituito. I processi, naturalmente, si aprirono subito, ma stavolta Suárez non si sedette da solo sul banco degli imputati. I giocatori non furono esenti dalle feroci critiche di stampa e tifosi, e quelli più bersagliati risultarono essere proprio gli esponenti della Quinta del Buitre, che in molti videro come i principali responsabili del fiasco della Selección.

FURIA VS QUINTA

Il Mondiale 1990 risultò essere uno spartiacque importante a livello tattico. Il pressing e la copertura degli spazi stavano diventando elementi imprescindibili, mentre la fase difensiva si stava convertendo in un compito non solo proprio dei difensori. Centrocampisti e attaccanti dovevano contribuire equamente alla causa, e all'interno delle squadre la fantasia stava iniziando a venir messa in disparte. Nel 1986 l'Argentina aveva vinto un Mondiale grazie anche all'intuizione tattica di Bilardo, il quale aveva saputo creare una carrozzeria solida intorno al genio di Maradona. Il talento era fondamentale, ma andava comunque inserito nel contesto di squadra: la sua presenza doveva elevare il valore del gruppo, ma non si poteva prescindere solamente dall'ispirazione di un singolo. Anche la Germania Ovest, campione nel 1990, poteva vantare una intelaiatura ultracompatta, mentre persino il Brasile iniziò a soffocare la fantasia, rimpiazzandola con maggior rigore tattico. Bellissimi da vedere, ma precocemente eliminati, i brasiliani recepirono la lezione del Mondiale 1982 per rivedere il loro credo calcistico, in un processo che avrebbe dato i suoi frutti nel 1994, dove i verde-oro si sarebbero laureati campioni del mondo con una squadra poco spettacolare ma effettiva. Tuttavia, fu il calcio proposto dal

Milan di Arrigo Sacchi quello che venne copiato, e rielaborato, di più negli anni Novanta.

Discepolo del calcio olandese, e puntiglioso allenatore, il metodo Sacchi proponeva marcature a zona, pressing asfissiante e fuorigioco sistematico. Il suo concetto di pressing era comunque differente: pressare l'avversario non contemplava correre su e giù a perdifiato, ma prevedeva invece il controllo degli spazi e la copertura intelligente del rettangolo di gioco, con l'obbiettivo di soffocare la manovra degli opponenti. La sincronizzazione fra i reparti doveva essere quindi perfetta, e ciò richiedeva ore di noioso e scrupoloso collaudo durante la settimana. Per un breve tempo, Sacchi riuscì ad amalgamare organizzazione con la fantasia degli uomini di disposizione – su tutti Gullit e Van Basten - ma proprio tale estremismo fece sì che il suo Milan perfetto, e quasi imbattibile, durasse solo tre stagioni: far convivere il talento dei singoli dentro rigorosi schemi tattici si dimostrò impresa difficile, specialmente a lungo termine.

Negli immediati anni a seguire, solo in rare occasioni, e per un limitato periodo di tempo, il connubio talento e tattica sarebbe riuscito a creare sia spettacolo che vittorie. Il Barcellona allenato da Cruyff ci riuscì, guadagnandosi il soprannome di *"Dream Team"*, sebbene la squadra blaugrana non raggiunse mai, soprattutto in Europa, i livelli di perfezione ottenuti dai rossoneri. Molti tecnici, però, preferirono seguire la strada opposta, ovvero quella di preferire la tattica al talento.

Mentre nelle teorie di Sacchi, "cinque giocatori organizzati erano in grado di battere dieci giocatori disorganizzati", il calcio proposto da Fabio Capello, il suo successore al Milan, portò una ulteriore enfasi nella fase difensiva. I rossoneri arrivarono a non perdere per ben 58 gare, mantenendo la porta difesa da Sebastiano Rossi inviolata per ben 929 minuti. Non è certo un caso che sia stato proprio il Milan di Capello a battere per 4-0 il Barcelona di Cruyff, nella finale di Champions League del

1994. I numeri parlano poi chiaro: in cinque stagioni con Capello al timone, il Milan vinse quattro campionati di Serie A e disputò tre finali consecutive di Champions League. Risultati a parte, comunque, quello fu anche uno degli esempi migliori di come il calcio si fosse evoluto verso troppo pragmatismo.

In mezzo a queste innovazioni tattiche, la Spagna sembrava non essersi aggiornata. Al Mondiale 1990 Suárez si era presentato con un centrocampo creativo composto da Míchel, Martín Vázquez e Roberto, più due punte di ruolo. Dalla cintola in su, la Roja era stata costruita per attaccare e creare gioco, mentre i tre difensori centrali, più i due terzini di fascia, avrebbero dovuto garantire la sufficiente copertura. Un modulo simile a quello argentino, ma con gente dalle diverse caratteristiche. Così, fu palese la perdita di coesione fra i tre reparti: con i centrocampisti incapaci a riconquistare palla, gli avversari avevano la possibilità di avanzare quasi indisturbati. Non che i giocatori spagnoli non facessero pressing, è che lo facevano in maniera inefficace e senza la cattiveria necessaria. Semplicemente, il pressing non era nelle caratteristiche di giocatori come Míchel, Martín Vázquez o Butragueño, che potevano contare tanti pregi, ma non quello di saper difendere.

Secondo molti addetti ai lavori la Quinta aveva classe talmente in abbondanza, che i giocatori difettavano di grinta e mordente da tirar fuori nei momenti più difficili. Non a caso, il mito delle rimonte europee del Real Madrid si era interrotto quando personaggi come Juanito, Santillana, Valdano e Camacho avevano abbandonato il club, segno che nelle difficoltà servivano, oltre che la classe, anche gli attributi. Quella era gente di inferiore livello tecnico, ma senza dubbio di esperienza e carisma tali da prendersi le responsabilità nei momenti chiave. Gli stessi momenti dove la Quinta sembrava smarrirsi e arrendersi senza lottare. Tuttavia, nel 1990, era giusto parlare di "fine di un ciclo"? Butragueño e Míchel avevano

27 anni, mentre Sanchís e Martín Vázquez 25. Tutti ancora nel pieno del loro splendore calcistico.

Il dibattito, trascinatosi nel post-Mondiale, contribuì solamente ad alimentare ulteriori dubbi nella testa di Suárez. Serviva, chissà, un modulo diverso, con differenti interpreti, dove la Selección sarebbe stata in grado di possedere maggior solidità difensiva, non perdendo efficacia in costruzione di gioco? E questi diversi interpreti, avrebbero dovuto giocare assieme, oppure al posto dei membri della Quinta? Semmai qualcuno doveva essere sacrificato, chi far fuori?

Il tecnico gallego, che era riuscito miracolosamente a conservare il posto dopo il torneo, durò però solamente altri otto incontri. Con la qualificazione all'Europeo 1992 compromessa da un disastroso girone eliminatorio, la Spagna subì due pesanti débâcle casalinghe nelle amichevoli contro Ungheria (2-4) e Romania (0-2), le quali convinsero Ángel María Villar, il presidente della Federazione, a far fuori Suárez. La Roja fu così affidata a Vicente Miera, ex assistente di Muñoz, recentemente destituito dalla guida del Tenerife. Ma le cose non cambiarono. Anzi, peggiorarono. La Spagna conobbe un'altra umiliante e vergognosa sconfitta, stavolta in Islanda. Il dibattito, aperto già qualche mese prima, stavolta sembrò aver trovato la causa dei tanti disastri: alla nazionale mancava la *furia* necessaria a competere. Così, nell'estate 1992, al capezzale di una dolorante Selección venne chiamato Clemente. Chi meglio di lui per ridare vivacità ad una squadra col morale a terra, e riproporre, stavolta a livello internazionale, il concetto di *furia*?

Personaggio dalla lingua lunga, sempre pronto a rispondere a qualsiasi tipo di critica, Clemente non solo cambiò lo stile della nazionale, ma ne rivoluzionò la rosa. A farne le spese furono i senatori, in particolar modo gli esponenti della Quinta. Sanchís non fu mai convocato, mentre, dopo soli tre mesi, il tecnico basco decise di fare a meno anche di Martín Vázquez, Míchel e Butragueño. Una scelta più politica che tecnica: la Quinta aveva infatti un enorme potere nello spogliatoio, e Clemente non era certo il tipo a cui piaceva farsi influenzare. La collisione sarebbe stata perciò inevitabile: nonostante avessero ancora molto da dare alla Selección, il tecnico basco decise di prescindere dal blocco del Real Madrid fin da subito.

Nei suoi primi due anni al timone, Clemente arrivò a schierare ben 52 giocatori, eppure solo tre di questi provennero dal Real Madrid: Hierro, l'emergente Luis Enrique e Rafa Alkorta. Ripicca o semplici scelte tecniche? Ogni qualvolta Clemente diramava una lista di convocati, la domanda era sempre una: e la Quinta? Infastidito, Clemente era solito rispondere sempre a tono, facendo mai nulla per spengere il fuoco ardente delle discussioni.

Con il tecnico basco al timone, il cambio di stile della Roja fu drastico. Se il calcio praticato dalla Quinta poteva essere visto come un precursore del *tiki-taka*, quello offerto da Clemente rappresentò un netto ritorno al passato in termini di difensivismo. Non fu raro vedere la nazionale spagnola schierata con cinque difensori di ruolo, più un ulteriore centrale impiegato davanti alla difesa come centrocampista di rottura.

Durante il regno di Clemente non mancarono poi le polemiche, nonostante i discreti risultati. Ma se Butragueño, con il suo solito stile, prese l'accantonamento come una scelta tecnica e non portò rancore, almeno pubblicamente, Míchel invece non accettò mai quella decisione. Oramai fuori dal giro della Selección, nel 1994 il centrocampista del Real accettò l'offerta della televisione *RTVE* per commentare il Mondiale statunitense. Fu l'inizio di una serie di collaborazioni con i media, che lo portarono anche a scrivere articoli per la carta stampata. Microfono alla bocca, o penna alla mano, Míchel non si tirò mai indietro nel criticare Clemente, per il suo stile di gioco obsoleto e per la sua tendenza a polemizzare con tutti, arrivando addirittura a dire che "fosse rimasto da vent'anni a bordo della *Gabarra*[4]". Un modo come un altro

per dire di come il tecnico avesse campato di rendita dopo
i suoi primi, e anche unici, successi ottenuti negli anni
Ottanta con l'Athletic Bilbao.

---

[4] La Gabarra è un tipo di barca utilizzato, specialmente a Bilbao e
dintorni, per il trasporto dei minerali. Nel 1983 e nel 1984, per
celebrare i titoli di Liga, l'Athletic Bilbao decise di festeggiare
navigando il fiume Nervión proprio a bordo di una Gabarra.

UN HIDALGO A TORINO

Il primo contatto fra il Torino e Martín Vázquez avvenne nel novembre 1989, quando un emissario della società granata tentò un approccio con l'entourage del giocatore spagnolo. All'epoca il Torino era in Serie B, e la mossa sembrò alquanto azzardata, ma il fascino del campionato italiano aprì la breccia nel cuore e nella mente di Martín Vázquez. Il presidente granata, Gian Mauro Borsano, aveva in mente di costruire una squadra che potesse di nuovo competere in Serie A, e il gioiello di casa Real avrebbe dovuto essere la ciliegina sulla torta.

A Madrid, il centrocampista era un giocatore importante, ma pur sempre uno dei tanti campioni presenti in rosa, mentre a Torino sarebbe stato lui la stella. Al contrario dei compagni di Quinta, Martín Vázquez aveva faticato a ritagliarsi il proprio spazio in squadra, e solo l'arrivo di Beenhakker gli aveva aperto le porte della titolarità. Con Toshack poi, Martín Vázquez era riuscito a completare la propria maturità calcistica, tanto che nella stagione 1989-90 risultò il secondo miglior marcatore della squadra con 14 reti. Tuttavia, in quella che fu la sua migliore annata in assoluto con la maglia del Real, emersero anche discrepanze con il presidente Mendoza, divergenze che portarono il centrocampista a prendere la decisione di andarsene da Madrid.

Con il contratto di Martín Vázquez in scadenza nel giugno 1990, il Real Madrid si adoperò per il rinnovo, ma le parti alla fine non riuscirono a trovare nessun punto d'incontro. L'obbiettivo del giocatore, stando alle sue dichiarazioni dell'epoca, era quello di continuare con la maglia del Real, anche se per farlo avrebbe voluto condizioni economiche adeguate al proprio valore. In un primo momento, il presidente Mendoza sembrò andargli incontro, salvo fare improvvisamente dietro-front qualche settimana dopo, aprendogli di fatto le porte verso l'Italia. Nel frattempo, dopo quella straordinaria stagione, anche altre squadre si erano aggiunte alla lista delle pretendenti: la stampa spagnola riportò l'interessamento pure di Juventus, Milan, Bayern Monaco e Olympique Marsiglia.

Mendoza, appena resosi conto che Martín Vázquez se ne sarebbe andato, cercò di far passare il comportamento del giocatore come quello di un mercenario. Il pubblico sposò la causa del club, e non ci andò troppo sottile: con parte dei tifosi che già lo criticava per l'apparente mancanza di grinta, quell'atto di tradimento divenne un ulteriore motivo per fischiarlo.

Fu, l'offerta del Torino, uno strumento di ricatto verso il Real? Oppure era il club quello si stava approfittando, basandosi sul fatto che il giocatore era un *canterano*, e madridista doc, e che quindi avrebbe dovuto rinnovare ad occhi chiusi, anche a una cifra inferiore al proprio valore? Se davvero quello che cercava era solo un lauto ingaggio, perché poi Martín Vázquez non aveva giocato al rialzo quando altri club, ben più quotati del Torino, si erano fatti avanti? Martín Vázquez rispettò invece la parola data ai granata, e il 3 luglio 1990 fu annunciato ufficialmente come nuovo giocatore del Torino. Di fronte a una discreta folla, il giocatore spagnolo si presentò in giacca e cravatta, con una barba che gli donava un aspetto da *hidalgo*: sembrava più il Kevin Costner di *Balla coi Lupi* che un calciatore di 24 anni. Tuttavia, non era il look a sorprendere, quanto la sua scelta di lasciare il Real Madrid, una delle superpotenze europee, per finire in una realtà come quella granata, con la squadra appena promossa dalla Serie B.

Strappare uno dei migliori giocatori europei, e portarlo al Delle Alpi, fu certamente un colpo da novanta per il Toro, che conquistò subito un prestigioso quinto posto in campionato, finendo persino davanti alla Juventus di Roberto Baggio e al Napoli di Maradona. La prima stagione di Martín Vázquez fu buona: il centrocampista si presentò subito in precampionato con un gol d'antologia – pallonetto d'esterno liftato da posizione impossibile- grazie al quale il Torino vinse il Trofeo Baretti. Durante la stagione accusò alcuni cali di forma, ciò nonostante il suo apporto fu fondamentale per il piazzamento finale, e squadre che se lo erano fatto scappare l'estate precedente ritornarono alla carica. L'Olympique Marsiglia, in particolare, fu quella che insistette di più. I francesi arrivarono a offrire diversi soldi più contropartite tecniche, trovando la dirigenza granata, di cui faceva parte anche Luciano Moggi, pronta a fare cassa e disponibile a vendere il giocatore. Martín Vázquez rifiutò però il trasferimento. Lo spagnolo era venuto in Italia per testarsi nella Serie A, e voleva assolutamente provare le proprie qualità in un campionato dove giocavano tutte le principali stelle mondiali.

Nell'estate 1991 il Torino si rinforzò ulteriormente: arrivarono il centrocampista belga Scifo, il centravanti brasiliano Walter Casagrande e il duttile centrocampista Giorgio Venturin. Sembrava che Borsano non badasse a spese per riportare in alto il club: con l'impegno della Coppa UEFA a incombere sulle gambe, l'ampliamento della rosa fu vitale per mantenere la squadra fresca in tutte le competizioni. Martín Vázquez fu uno di quelli meno toccati dalle rotazioni – saltò infatti solamente cinque gare di campionato – anche se lo spagnolo venne declassato dall'arrivo di Scifo, visto che fu il belga a prendere lo scettro del centrocampo. A Martín Vázquez furono spesso affidati compiti di copertura, cosa che probabilmente gradì poco, vista la sua propensione ad attaccare. Ma in questo il tecnico Emiliano Mondonico fu bravissimo a trovare il giusto equilibrio, fondendo assieme uomini dalla raffinata tecnica con una ciurma di combattenti nati e giocatori di sicuro affidamento. La squadra risultò compatta, con una difesa quasi impenetrabile, e i risultati furono evidenti: in campionato il Torino incassò solo 20 reti, terminando al terzo posto alle spalle di Milan e Juve, in quello che tuttora risulta essere il miglior piazzamento granata in Serie A negli ultimi trenta anni.

Come in quella d'esordio, anche la seconda stagione di Martín Vázquez in maglia granata fu caratterizzata da alti e bassi, periodi di forma, giocate illuminanti – vedi i due meravigliosi assist a Casagrande nel derby vinto contro la Juve- ma anche prove più opache. Comunque, dipingere la sua esperienza italiana come deludente sarebbe un errore. Forse la gente si aspettava qualcosa in più, ma lo spagnolo risultò comunque un giocatore fondamentale di quel Torino, in una stagione che rimarrà indimenticabile nelle menti e nei cuori dei tifosi granata. Il Toro infatti non brillò solo in Italia: gli uomini di Mondonico furono protagonisti anche in Europa, dove, al termine di una emozionante cavalcata, raggiunsero la finale di Coppa UEFA.

Il cammino europeo portò Martín Vázquez a incrociarsi proprio contro il suo Real Madrid, eliminato dai granata in semifinale: ovviamente il pubblico del Bernabéu non gli risparmiò una bella bordata di fischi. Sembrava l'annata giusta per mettere nella bacheca granata il primo successo europeo della storia del club, ma i sogni di gloria si infransero purtroppo all'ultimo ostacolo, contro l'Ajax. Gli olandesi erano una bella squadra, con un allenatore emergente, Louis van Gaal, e un gruppo ben assortito di giovani - fra cui spiccavano Dennis Bergkamp, Frank de Boer e Wim Jonk- ma, dopo il 2-2 del Delle Alpi, il Torino avrebbe meritato molto di più dello 0 0 ottenuto nel ritorno di Amsterdam. La fortuna voltò però le spalle ai granata: due pali e una traversa che, a distanza di oltre vent'anni, ancora tremano. Oltre ai legni, il Toro si lamentò pure per l'arbitraggio, con un imbufalito Mondonico che afferrò una sedia in segno di protesta, immagine che fece il giro del mondo, e che in seguito sarebbe diventata il simbolo delle sventure del Torino.

Ad Amsterdam, sebbene in dubbio fino all'ultimo momento, Martín Vázquez fu uno dei migliori, in una prestazione lodata non solo per qualità, ma anche per impegno e sacrificio. Quella però fu però anche la sua terzultima gara con la maglia del Torino. Il centrocampista spagnolo si congedò due settimane dopo, andando in rete nell'impegno casalingo con l'Ascoli. La società era infatti piena di debiti, e il presidente Borsano aveva un disperato bisogno di vendere. Roberto Cravero, il capitano, venne ceduto alla Lazio, Roberto Policano al Napoli, Giorgio Bresciani al Cagliari, Silvano Benedetti alla Roma, anche se la più controversa cessione fu quella di Gianluigi Lentini, finito al Milan per una cifra astronomica. Quelli dell'Olympique Marsiglia si fecero di nuovo avanti, e stavolta Martín Vázquez accettò il trasferimento, con la sua partenza finita stavolta in secondo piano in mezzo al caos creato dall'affare-Lentini.

L'esperienza francese del centrocampista spagnolo durò però solamente pochi mesi. Martín Vázquez si presentò di nuovo con un gol nell'esordio contro il Tolosa, ma ben presto l'entusiasmo si affievolì, complice lo scarso feeling con la nuova città e la sua difficile collocazione tattica. Se a Torino le sue prestazioni erano state vittima di un sistema di gioco non completamente adatto alle sue caratteristiche, a Marsiglia i dubbi furono troncati sul nascere. L'OM infatti giocava con due attaccanti – Rudi Völler e Alen Bokšic – e nel ruolo di mezzapunta, lo spagnolo incontrò la concorrenza dell'esperto e talentuoso Jean-Marc Ferreri, e soprattutto quella del ghanese Abedi "Pelé" Ayew, uno dei più forti giocatori africani di sempre.

Impossibilitato a giocare con continuità, davanti a Martín Vázquez si materializzò l'opzione di un ritorno a Madrid. Benito Floro, l'allora tecnico del Real, era convinto che il centrocampista sarebbe stato utile alla causa, e già in precedenza aveva provato a convincerlo a rientrare alla base. Il giocatore, ancora scottato da quello che era successo nella primavera del 1990, aveva però dichiarato che "finché Mendoza fosse stato presidente, lui non sarebbe mai tornato". Fu invece proprio il presidente a dare una spinta decisiva nella trattativa con l'OM. Il rendimento altalenante del Real, e di alcuni giocatori, in particolare quello di Robert Prosinecki, aveva stufato un po' tutti, e Mendoza arrivò addirittura anche a offrire il croato come contropartita. Prosinecki alla fine rimase, ma ciò non impedì a Martín Vázquez di far ritorno a Madrid. Il giocatore mise da parte le polemiche e nell'ottobre 1992 indossò di nuovo la maglia blanca, rappresentando una ulteriore mattonella con cui lastricare la strada verso l'auspicata rivoluzione, quella targata Floro.

TENERIFE, L'ISOLA MALEDETTA

La Quinta aveva fatto innamorare tutti con il loro tipo di calcio: vincevano e giocavano bene. Il dominio domestico del Real Madrid aveva poi aumentato il complesso di inferiorità delle altre squadre spagnole, in particolar modo degli acerrimi rivali del Barcelona. I blaugrana, dopo aver vinto la Liga nel 1985, erano piombati in periodo nero. La crisi ebbe strascichi anche extra-calcistici: il picco fu toccato il 28 aprile 1988 nella sala dell'hotel Hesperia, quando i giocatori arrivarono a chiedere nientemeno che le dimissioni del presidente Josep Lluís Núñez, in un ammutinamento senza precedenti passato alla storia come il *Motín del Hesperia*.

La risposta di Núñez verso tale atto di ribellione non tardò ad arrivare. E il presidente non usò certo mezze misure. Metà rosa fu infatti epurata, incluso l'allenatore Luis Aragonés, e nel giro di qualche giorno Núñez, con un colpo ad effetto, annunciò il nome del nuovo tecnico, a cui sarebbe spettato il compito di ricostruire la squadra dalle fondamenta: Cruyff.

Se da un lato, l'avere una rosa nuova di zecca – nella sola prima sessione di mercato vennero acquistati ben undici giocatori– complicò e rallentò un po' il lavoro del tecnico olandese, da un altro Cruyff ebbe la possibilità di plasmare la squadra a proprio piacimento secondo le proprie idee calcistiche, non disdegnando nemmeno di pescare nella *cantera* per ricercare nuove soluzioni.

Con Cruyff alla guida, il Barcelona vinse subito una Coppa delle Coppe, ma, dopo due magre stagioni nella Liga, Núñez aveva iniziato a perdere la pazienza. Nell'aprile 1990 Cruyff arrivò alla finale di Coppa del Re con la propria panchina in bilico: solo una vittoria lo avrebbe salvato da un probabile esonero. I blaugrana alla fine si imposero per 2-0 sul Real Madrid, e dalla successiva stagione Cruyff iniziò a raccogliere i frutti di quanto seminato nelle annate precedenti. Il Barcelona vinse quattro titoli di Liga consecutivi e, soprattutto, nel 1992 mise in bacheca la prima Coppa dei Campioni della sua storia, proprio il successo che la Quinta e il Real Madrid non erano riusciti a ottenere nei loro anni di indiscusso predominio.

L'enorme impatto di Cruyff non fu solo a livello tecnico. Oltre che adottare soluzioni tattiche estrose, l'allenatore olandese apportò anche una genuina sfacciatezza e presunzione, che aumentarono la confidenza del popolo blaugrana, fino a quel punto abituato a celebrare i successi con un po' di circospezione. Parlare di predestinazione, nel caso di Cruyff, poi non è scadere nel luogo comune. Il calendario della stagione 1990-91, quella del primo titolo di Liga, mise di fronte proprio Real Madrid-Barcelona all'ultimo turno di campionato. E con il Barça già matematicamente campione, i giocatori del Real furono costretti a omaggiare i rivali con il *pasillo* d'onore, tra i fischi sonori del Bernabéu.

L'inaspettato ritorno in auge dei rivali, costrinse Mendoza a intervenire sul mercato, ingaggiando nell'estate 1990 il talentuoso rumeno Gheorge Hagi, lo stopper della nazionale jugoslava, Pedrag Spasic, il terzino della Selección, Francisco Villarroya, e rubando il mediano Luis Milla proprio al Barcelona. Nella stagione successiva arrivarono poi il croato Prosinecki, il centrale brasiliano

Ricardo Rocha e il giovane emergente Luis Enrique. Non tutti saranno un successo. Anzi. Spasic combinò un disastro dopo l'altro, ed è tuttora considerato fra i peggiori giocatori di sempre ad aver calpestato l'erba del Bernabéu. Prosinecki si infortunò subito, e le sue prestazioni furono condizionate anche dalla difficile collocazione tattica. Idem Hagi, il quale, malgrado sprazzi di talento puro, si rivelò un oggetto misterioso. Il rumeno fu venduto al Brescia nell'estate 1992.

Oltre che nei giocatori, anche la panchina del Real Madrid conobbe forte instabilità. Toshack conquistò la Liga nel 1990, ma non fu mai capace di vincere le simpatie nel gruppo. Giá prima di arrivare a Madrid, il gallese non si era fatto una bella pubblicità, dopo aver pubblicamente criticato i giocatori del Real, in particolar modo Buyo e Gallego. Non fu quindi un caso che la cessione di Gallego – il centrocampista fu venduto all'Udinese - coincise proprio con l'arrivo di Toshack. Alla squadra poi non piacque il fatto che il gallese usasse la stampa per criticare i propri giocatori, anziché lavare i panni sporchi all'interno dello spogliatoio. Qualcuno non si fece pregare nel rispondere a tono. Francisco Llorente, accusato da Toshack di "non sudare abbastanza la maglia", disse che forse il tecnico "sudava di più perché era grasso, e rimaneva al sole." Momenti di tensione di questo tipo erano diventati pane quotidiano nello spogliatoio blanco. Se l'intensa rivalità calcistica con Butragueño aveva portato Sánchez a dare il massimo, producendo numeri astronomici in termini di goal, il centravanti messicano fu un elemento molto difficile da gestire. Lui e Míchel, nonostante in campo le cose funzionassero a meraviglia, stettero molto tempo senza parlarsi, con l'argentino Ruggeri che arrivò addirittura a tentare una specie di terapia di gruppo, al fine di risolvere le tante divergenze. Sánchez arrivò persino a reclamare la sua propria Quinta, ovvero la Quinta de los Machos. Con Butragueño che aveva un aspetto angelico, quasi effemminato, Sánchez era convinto di riprodurre invece l'immagine del vero uomo latino, forte, tosto e soprattutto virile. Un macho, insomma.

Il regno di Toshack durò solamente una stagione e mezzo, ma nemmeno il ritorno del leggendario Di Stéfano e il successivo arrivo dello jugoslavo Radomir Antic servirono a ristabilizzare l'ambiente. Un'altra causa di tutta questa precarietà fu anche la frenesia del presidente Mendoza, il quale a fine gennaio 1992 esonerò proprio Antic, malgrado il Real Madrid fosse in testa alla classifica. La squadra sembrava essere di nuovo in carreggiata per riprendersi il titolo, ma quel cambio fu tanto sorprendente quanto immotivato. La ragione esposta da Mendoza fu quella che, nonostante il primato, il Real giocava male. Il presidente del Real avrebbe voluto portare Sacchi a Madrid, ma il tecnico aveva appena ottenuto l'incarico di commissario tecnico della nazionale italiana, per cui fu costretto a richiamare Beenhakker. Con l'olandese, Mendoza sperava di poter riottenere le stesse prestazioni di qualche anno prima, anche se con questa mossa dimostrò di nuovo di essere un uomo ambizioso e fin troppo spavaldo. Il suo Real doveva vincere e giocar bene, proprio come stava facendo il Barcelona di Cruyff. Tale presunzione costò però cara: il gioco migliorò leggermente, ma il Barcelona riuscì a recuperare il distacco fino a portarsi a -1 con un turno ancora da giocare, e con una differenza reti a proprio favore.

Mentre i blaugrana erano impegnati in casa contro l'Athletic Bilbao, il Real Madrid fece visita al Tenerife, in quella che avrebbe dovuto essere stata una mera formalità. La squadra canaria era infatti allenata dall'ex Valdano e composta da diversi altri giocatori dal passato madridista come Julio Llorente, il difensore Francis − cresciuto assieme al resto della Quinta nel Castilla −, il portiere Agustín, nonché Manolo Hierro, fratello maggiore di Fernando. Tutto sembrava pendere per un successo facile, e anche in campo le cose si misero per il verso giusto, con

Fernando Hierro e Hagi che portarono il Real Madrid sullo 0-2 dopo mezz'ora di gioco. Nemmeno il gol del momentaneo 1-2, firmato da Quique Estebaranz, sembrò poi turbare i sogni di gloria. A Barcelona, con i blaugrana tranquillamente avanti di due gol, gli spettatori si incollarono alle radioline in attesa di un miracolo. Un ottimista Cruyff, il sabato, aveva dichiarato che secondo lui il Real Madrid non avrebbe vinto. Probabilmente era l'unico che credeva in questo.

Ma i miracoli – o disastri, dipende uno da che parte sta – nel calcio spesso accadono. Con la gara nelle proprie mani, il Real sprecò molto, e nello spazio di due minuti fu punito dal Tenerife. Dopo il 2-2 – un'autorete di Ricardo Rocha – i madrileni andarono letteralmente in bambola: avventato retropassaggio di Sanchís, goffo intervento di Buyo a evitare il calcio d'angolo, e 3-2 a porta vuota dell'italo-spagnolo Pierluigi Cherubino. Ancora una volta Cruyff aveva avuto ragione.

Non avremmo mai la riprova se con Antic ancora in sella il Real avrebbe vinto il titolo, tuttavia il suo esonero apparve come un atto di spavalderia innecessario. A completare l'anno tragico arrivò anche l'onta della sconfitta in finale di Coppa del Re, giocata al Bernabéu, per mano dell'Atlético Madrid. A fine stagione Mendoza cambiò di nuovo l'uomo al timone, stavolta non affidandosi ad uno straniero, bensì chiamando l'emergente Benito Floro, il tecnico dell'Albacete.

Senza una carriera da calciatore alle spalle, Floro sembrava essere la risposta spagnola a Sacchi. Nel 1989 il tecnico asturiano aveva preso in mano l'Albacete, allora in terza serie, portandolo in sole due stagioni fino alla Liga, per la prima volta nella sua storia. Non solo. L'Albacete era arrivato addirittura settimo, dopo essere stato a lungo in quarta e quinta posizione, mancando per un punto una storica qualificazione alla Coppa UEFA. Fu il picco più alto mai toccato dal piccolo club, e Floro diventò l'allenatore rivelazione della stagione. Osannato da stampa e addetti ai lavori, scontata fu la chiamata di Mendoza, impaziente di trovare il tecnico giusto per aprire un nuovo ciclo vincente.

Arrivato a Madrid, a Floro venne concessa carta bianca. Mossa un po' rischiosa visto che si trattava pur sempre di un tecnico con limitata esperienza, ma Mendoza le stava tentando tutte pur di risalire la china. Così, oltre che a impostare la prima squadra con il 4-4-2 tanto caro a Sacchi, Floro impose che tutte le squadre del settore giovanile adottassero lo stesso sistema di gioco. Ciò nonostante, pur cambiando tecnico, modulo e qualche giocatore –Sánchez e Hagi furono sostituiti dal cileno Iván Zamorano e dal rientrante Martín Vázquez - il copione non variò di molto. Real Madrid e Barcelona inscenarono un nuovo testa a testa, che venne deciso ancora all'ultima giornata. E come dodici mesi prima, il Real Madrid, di nuovo avanti di un solo punto, fece visita al Tenerife di Valdano. Fu una settimana carica di tensioni, visto che Real e Barcelona si sfidarono anche nella semifinale della Coppa del Re, con i madrileni che riuscirono a espugnare il Camp Nou, conquistando l'accesso alla finale. Stavolta, l'ago della bilancia sembrava pendere a favore di un trionfo madridista, ma alla vigilia della gara successe qualcosa di imprevisto. Il Real viaggiò a Tenerife a bordo di due piccoli aerei privati, e uno di questi riportò un'avaria al sistema di aria condizionata. La temperatura all'interno dell'aereo – che fu costretto a fare dietro-front e tornare Madrid- raggiunse perfino i 60 gradi: gli esausti giocatori, dopo il trasbordo su un secondo apparecchio, riuscirono ad atterrare nell'isola solo all'una di notte. In molti si presentarono in campo svuotati di energie. E, come nella stagione precedente, il Real perse ancora, stavolta per 2-0. Cruyff e il suo Barcelona esultarono ancora, per il terzo anno di fila, mentre al Real furono lasciate di nuovo le briciole: Butragueño e soci si dovettero infatti accontentare della Coppa del Re, vinta in finale sul Real Zaragoza per 2-0 grazie alle reti del Buitre e di Mikel Lasa.

L'INIZIO DEL TRAMONTO

La stagione 1993-94 iniziò di nuovo in salita per il Real. Nel solo mese di settembre arrivarono tre pesanti sconfitte: 1-3 in casa col Valladolid, 4-0 a La Coruña e 0-1, di nuovo al Bernabéu, per mano del Real Oviedo. Mendoza vacillò, tentato di cambiare ancora, ma questa volta decise di mantenere la fiducia a Floro. Le cose migliorarono leggermente e a fine anno il Real Madrid si portò a quattro punti di distacco della capolista Deportivo La Coruña, e a due dal Barcelona. Tuttavia, il punto più basso della stagione doveva essere ancora toccato.

L´8 gennaio 1994 si giocò il primo *Clásico*, e alla vigilia uno sfacciato ed arrogante Cruyff dichiarò senza mezze misure che avrebbe voluto annientare il Real. *«Me gustaría machacar»* fu l'ultima profezia del tecnico olandese. Ancora una volta ci prese: i suoi blaugrana si imposero per 5-0. Guidati dalla sapiente regia del giovane mediano Pep Guardiola, il migliore in campo quella sera, il Barça affondò i denti sul povero Real Madrid, infliggendogli una umiliante *manita*, grazie alla tripletta del centravanti brasiliano Romario e ai gol di Koeman e del giovane Iván Iglesias.

Stranamente, la sconfitta del *Clásico* non ebbe troppe ripercussioni sul successivo rendimento del Real Madrid.

In una Liga difficile da decifrare, i blancos riuscirono addirittura a raggiungere e sorpassare il Barcelona, mettendosi in scia della capolista Deportivo. Ma, quando tutto sembrava essersi rimesso sul binario giusto, bastarono un paio di settimane storte a mandare di nuovo tutto a monte. La prima batosta arrivò per mano del solito Tenerife, capace di espugnare 3-0 il Bernabéu in Coppa del Re, poi fu il turno del PSG a violare lo stadio madrileno nell'andata dei quarti di finale di Coppa UEFA. La goccia che fece traboccare il vaso fu però la sconfitta 2-1 sul campo della neopromossa Lleida, risultato che costò il posto a Floro. Il tecnico venne esonerato, e la squadra affidata a Vicente del Bosque, in quel momento responsabile del settore giovanile, che esordì a Parigi contro il PSG ottenendo un pareggio, risultato comunque inutile ai fini della qualificazione.

Mentre l'eliminazione europea risultò essere l'ennesima delusione stagionale, l'epilogo della Liga fu allo stesso modo difficile da digerire. Tre sconfitte nelle ultime quattro giornate videro il Real giungere solo quarto, con i rivali del Barcelona che invece festeggiarono un altro titolo, il quarto consecutivo e il terzo vinto al fotofinish. A fine stagione, un disperato Mendoza cambiò di nuovo guida tecnica, stavolta puntando tutto sull'ex Valdano.

Valdano non fu la sola novità di quell'estate. L'allenatore argentino si portò dietro dal Tenerife l'elegante regista Fernando Redondo, mentre il terzino destro Quique Sánchez Flores e l'attaccante José Emilio Amavisca vennero acquistati rispettivamente dal Valencia e dal Valladolid. Tuttavia, il vero colpaccio fu l'acquisizione di Micheal Laudrup dal Barcelona, dove il danese era entrato in un irreparabile conflitto con Cruyff.

Il messaggio era chiaro: Mendoza avrebbe fatto di tutto pur di riportare il Real al suo ruolo di superpotenza calcistica, in Spagna e in Europa. Confinati a disputare la Coppa UEFA, gli spagnoli provarono in più di una occasione sulla propria pelle l'effetto di una *remontada*. La prima volta era avvenuto contro il Torino, con i granata che ribaltarono il 2-1 dell'andata con un cocente 2-0. Poi fu il turno del PSG: I francesi, dopo aver perso 3-1 al Bernabéu, ribaltarono il risultato al Parco dei Principi di Parigi, con il gol del 4-1 segnato dal difensore Antoine Kombouaré al novantaseiesimo minuto.

Nemmeno il *miedo escénico* sembrava esistere più. Lo stadio Bernabéu, prezioso alleato nel mettere in soggezione per squadre ospiti poco abituate a tali palcoscenici, non incuteva più paura. Così, nella stagione 1994-95, dopo la vittoria del Real per 3-2 in Danimarca, l'Odense venne a Madrid senza nulla da perdere. Il portiere Høgh – quello a cui Butragueño aveva marcato quattro reti nel Mondiale di Messico – fu il protagonista della serata con alcuni interventi strepitosi che tennero l'Odense in partita, prima del gol della speranza danese, arrivato a metà ripresa. Una rete che non spaventò il Real Madrid, visto che l'Odense avrebbe dovuto vincere con almeno due reti di scarto. I blancos, che fallirono numerose occasioni da gol, tornarono all'attacco, ignorando così il pericolo: al novantesimo un cross dalla sinistra di Michael Schjønberg attraversò tutta l'area di rigore, trovando sul lato opposto Morten Bisgaard, il cui preciso diagonale si infilò alle spalle di Santiago Cañizares, per lo storico 0-2. Il Bernabéu, dopo anni di inaccessibilità, stava tristemente diventando terreno di conquista per chiunque ci mettesse piede.

ADIÓS BUITRE

Il 29 ottobre 1994, allo stadio la Romareda di Zaragoza, Butragueño si alzò dalla panchina e andò a scaldarsi. Il Buitre alla fine non entrò, ma durante gli esercizi di stretching non potette togliere gli occhi di dosso dal quel ragazzino schierato per la prima volta titolare. I movimenti, la naturalezza nello stare in campo, la sfrontatezza con cui affrontava i difensori avversari: a Butragueño apparve chiaro che quel giovane aveva la stoffa del campione.

Il debuttante in questione era un diciassettenne di nome Raúl González Blanco. Quel giorno non segnò, anzi, la sua prova fu ricca di errori davanti porta - almeno quattro clamorosi –ma distaccò ugualmente per la facilità di smarcamento, la capacità di apparire all'improvviso in area e l'abilità di fraseggio con i compagni. Il Real Madrid uscì sconfitto per 3-2 dalla Romareda, ma Valdano ebbe pochi dubbi: Raúl avrebbe giocato titolare anche la successiva partita di campionato, il derby contro l'Atlético Madrid.

Cresciuto nel Deportivo San Cristóbal de los Ángeles, squadra di quartiere nella periferia sud di Madrid, Raúl era entrato nel 1990 nelle giovanili dell'Atlético Madrid, diventandone immediatamente il leader della formazione

Cadete e il fiore all'occhiello del vivaio colchoneros. Ma l'avventura con l'Atlético durò però poco: nel 1992, l'allora presidente del club, il pittoresco Jesús Gil, aveva ritenuto eccessivi i costi di gestione del settore giovanile, e quindi aveva deciso di ridimensionare la struttura. In molti si erano trovati così liberi e senza squadra, fra cui proprio Raúl. Il Real Madrid si fece allora avanti. Senza pensarci due volte, Raúl attraversò la città cambiando sponda. In molti avrebbero poi maledetto la sciagurata decisione di Gil.

La stagione 1994-95 fu quella della sua definitiva esplosione: Raúl iniziò giocando con il Real Madrid "C", disputò qualche gara col Castilla prima di essere chiamato in prima squadra da Valdano. Tutto avvenne così in fretta, in meno di due mesi. Ma il ragazzino sembrava non conoscere limiti. E nella sua seconda gara da titolare – nientemeno che il derby di Madrid contro il "suo" Atlético – Raúl si procurò il rigore dell'1-0, trasformato poi da Míchel, servì a Zamorano l'assist del 2-0, e infine marcò lui stesso il 3-0, in un derby terminato poi 4-2 in favore dei blancos. Era nata una nuova stella.

Raúl non fu però il solo a brillare in quell'avvio di stagione: Laudrup aveva infatti ritrovato la forma migliore, Redondo si era inserito alla grande nella cabina di regia, mentre Zamorano aveva riscoperto improvvisamente la vena realizzativa e la sua intesa con Amavisca fu determinante per scardinare le difese avversarie. Dopo qualche passo falso iniziale, la squadra di Valdano riprese ben presto la scalata verso la vetta della Liga, posizione che raggiunse a fine novembre. Il Barcelona, abituato a rimonte spettacolari, rimaneva però troppo vicino al Real Madrid in classifica per poterlo dichiarare fuori dai giochi. Serviva una dichiarazione d'intenti, una prova di forza con la quale spazzar via quel senso di superiorità e onnipotenza che negli ultimi anni aveva accompagnato il cammino dei rivali blaugrana. L'occasione capitò il 7 gennaio 1995, con il Bernabéu testimone di una vittoria di proporzioni bibliche: il Real si vendicò della manita della stagione precedente rifilando un sonoro 5-0 al Barcelona.

Il successo rappresentò un cambio al potere, anche a livello tecnico. I madrileni vinsero giocando un calcio fatto di fraseggi, velocità, pressing e ritmi vertiginosi, molto simile a quello fin lì proposto dagli uomini di Cruyff. Nonostante rimanevano ancora sei mesi di Liga da giocare, il Barcelona non si riprese mai da quella batosta. I blaugrana crollarono a picco, terminando addirittura il campionato al quarto posto, nove punti dietro alla squadra diretta da Valdano: dopo cinque lunghi anni di digiuno, il Real Madrid era tornato finalmente a vincere la Liga. Zamorano – che in estate era stato curiosamente emarginato da Valdano, e inserito nella lista dei possibili partenti – fu il capocannoniere con 28 reti, mentre Raúl completò la stagione con nove reti all'attivo, terzo miglior marcatore madrileno dietro al cileno e ad Amavisca.

Mentre una stella si trovava in piena fase di ascensione, un'altra stava iniziando ad andare in declino. Poche settimane dopo aver debuttato, Raúl venne infatti invitato a casa Butragueño per una cena. Fu un gesto di appoggio importante, quasi da fratello maggiore. Allo stesso tempo rappresentò un'investitura, il passaggio del testimone da una leggenda a un'altra. Quell'anno infatti Butragueño giocò appena otto spezzoni di gare nella Liga, segnando una sola rete. L'ultima apparizione ufficiale con la maglia del Real avvenne il 22 gennaio 1995, quando disputò il quarto d'ora finale della sfida interna contro il Celta Vigo. Quel giorno Raúl segnò una doppietta, mentre il Buitre fu fatto entrare quando la gara era già sul 4-0 in favore dei madrileni.

Butragueño non perse solo la titolarità, ma addirittura faticò a entrare nella lista dei convocati. Da buon professionista comprese che Valdano era in una posizione scomoda – stretto fra il ruolo di allenatore e quello di amico – e mai fece polemiche per l'accantonamento. Tuttavia, passare in pochi mesi dal ruolo di protagonista assoluto a quello di ultima ruota del carro, fu certamente difficile da digerire. Raúl, poi, aveva un'altra marcia rispetto a lui. Impossibile negarlo e altrettanto impossibile era pensare che, a 32 anni, il Buitre fosse in grado di riguadagnarsi il posto. Con il contratto di Butragueño in scadenza a fine stagione, Mendoza, sempre sensibile alle questioni che riguardavano il suo pupillo, non ci pensò due volte a offrirgli un ulteriore anno, ma il calciatore rifiutò. Ricevere uno stipendio solo per allenarsi, per poi finire in tribuna o in panchina, non era nel suo stile. La sua avventura con la maglia del Real si sarebbe conclusa lì, senza ulteriori appendici.

Il 15 giugno 1995 Butragueño disputò la propria partita d'addio, un'amichevole contro la Roma, con un giovanissimo Francesco Totti in campo. Di fronte a ottantamila spettatori, il Real si impose per 4-0: il Buitre fu protagonista, come ai vecchi tempi, regalando tre assist e marcando la quarta rete su calcio di rigore. Allenatori, compagni di club, fino a numerosi personaggi politici: in tanti furono presenti al Bernabéu quella sera. Tutta la Spagna si ricordò del Buitre. Felipe González, il presidente del Governo, gli scrisse addirittura un telegramma ufficiale, nel quale elogiava il suo comportamento, definendolo un esempio per i più giovani e per le generazioni future.

Dopo il congedo, il futuro di Butragueño si tinse di incerto. Nonostante in Spagna non mancassero i corteggiatori, di giocare con un'altra maglia che non fosse stata quella del Real non ci pensava davvero. Prese perciò piede l'ipotesi di andarsene all'estero. In Giappone, con il fine di promuovere il calcio nel proprio paese, le squadre avevano incominciato a pescare in giro per il mondo, reclutando campioni a fine carriera: i primi ad arrivare nel sol levante furono Zico e Lineker, seguiti poi dai vari Ramón Díaz, Salvatore Schillaci, Stojkovic e Dunga, tutti attratti dalla prospettiva di giocare qualche anno in più e guadagnare un bel gruzzolo di yen. Anche il Buitre sembrò sul punto di emigrare in Asia, ma alla fine nessuna delle proposte giunte a Madrid fu ritenuta soddisfacente. Le settimane stavano però passando velocemente, i campionati erano quasi tutti sul punto di incominciare, eppure Butragueño risultava ancora senza squadra. Poi, all'improvviso, spuntò una offerta di una sconosciuta squadra messicana, neopromossa in Primera División, l'Atlético Celaya. La notizia, almeno nella stampa spagnola, fu recepita con un certo sarcasmo. Invece, dopo qualche giorno, esattamente il 12 agosto 1995, Butragueño volò in Messico deciso ad aggiungere un nuovo capitolo alla propria carriera sportiva.

LA FINE DEL CICLO

Partito Butragueño, volato in Messico, anche gli altri membri della Quinta non se la stavano passando bene. Solo Sanchís continuava ad essere uno dei pilastri del Real Madrid – formando con Hierro una formidabile coppia di difesa– mentre sia Míchel che Martín Vázquez erano incappati in brutti infortuni.

Míchel si era rotto i legamenti del ginocchio sinistro il 3 dicembre 1994 ad Anoeta, il campo della Real Sociedad. L'incidente lo aveva costretto a operarsi e saltare il resto della stagione: a 32 anni, il recupero fisico era risultato lungo e difficile. Per uno abituato a saltare al massimo due gare a stagione, e partire sempre titolare, quella era stata una mazzata tremenda. Ma nell'estate 1995 Míchel era prossimo al rientro, anche se sapeva che avrebbe dovuto rimboccarsi le maniche per riguadagnarsi un posto in squadra.

Diverso invece il caso di Martín Vázquez. Pur non partendo sempre titolare, il centrocampista era stato una pedina importante nelle mani di Valdano durante la vincente stagione '94-95, soprattutto in quelle gare dove la sua tecnica e la sua esperienza avevano garantito maggior equilibrio in una squadra di solito schierata a trazione anteriore. Ma verso il finale di stagione i rapporti con il club si erano fatti di nuovo tesi, e il rinnovo del contratto ancora al centro delle divergenze. Martín Vázquez guadagnava all'epoca 250 milioni di pesetas annui, e non avrebbe fatto drammi in caso di riduzione dello stipendio, eppure l'offerta di Mendoza fu talmente misera – articoli dell'epoca parlarono di soli 80 milioni – costringendo il centrocampista a fare le valigie per la seconda volta, finendo stavolta al Deportivo La Coruña di Toshack. Una scelta logica: il Depor era una squadra in forte ascesa, e Martín Vázquez avrebbe ritrovato poi l'allenatore sotto la cui guida era riuscito a disputare la miglior stagione in assoluto della propria carriera. Tuttavia, anche con lui il destino fu beffardo: il giorno del suo esordio con la nuova maglia si ruppe sia i legamenti crociati che il menisco del ginocchio, un infortunio che lo costrinse ai box per ben nove mesi e dal quale non si sarebbe mai ripreso.

Al di là della perdita affettiva, le contemporanee partenze di Martín Vázquez e Butragueño, unite a quelle di altri giocatori, non furono certo un cattivo business dal punto di vista societario, dato che permisero al Real Madrid di risparmiare ben 1000 milioni di Pesetas annuali, circa 6 milioni di euro attuali. Ridurre il monte ingaggi era tra l'altro una delle priorità di Mendoza, considerato che il Real navigava allora con i conti in profondo rosso. Tuttavia, nemmeno tali operazioni economiche riuscirono a calmare le acque e il club entrò di nuovo in crisi. I debiti avevano superato i 12.000 milioni di pesetas - oltre 72 milioni di euro attuali – e la posizione di Mendoza diventò insostenibile: il 20 novembre 1995, casualmente - o forse no- il giorno del ventesimo anniversario della morte di Franco, il presidente decise di dimettersi, lasciando l'incarico a Lorenzo Sanz, il suo vice.

Sanz era diventato socio del club nel 1985, proprio grazie a Mendoza, con cui condivideva la passione per i cavalli. Come Mendoza, anche Sanz era un impresario che si era fatto da sé. Le sue fortune erano principalmente dovute al boom del mercato immobiliare degli anni

Settanta e Ottanta, quando l'espansione urbanistica delle grandi città aveva rappresentato la svolta economica per molti imprenditori. Certamente non tutti avevano i risparmi sufficienti per acquistare lotti - il paese stava pur uscendo da una palese situazione di arretratezza e povertà - tuttavia, chi in precedenza era riuscito in qualche maniera a mettere via denaro, si trovò in pole-position per cavalcare l'onda del business immobiliare. I terreni venivano infatti venduti al doppio, o il triplo, del prezzo precedentemente pagato, e questo diede la possibilità a diversi impresari di arricchire il proprio conto in banca.

«A partire d'adesso sarò il socio numero 722,» dichiarò Mendoza il giorno delle sue dimissioni. Sanz non ereditò però solo una disastrosa situazione economica. Il neopresidente si trovò difatti in mano anche una squadra di nuovo in crisi d'identità. Erano passati solo pochi mesi dalla trionfante Liga vinta, ma la squadra allenata da Valdano si era di colpo inceppata: nelle prime sei gare il Real Madrid racimolò solo cinque punti, trovandosi mestamente quindicesimo in classifica.

Con i rivali dell'Atlético Madrid lanciati verso il loro nono titolo di Liga – il primo, dopo un digiuno durato ben diciannove anni – l'insofferenza in casa Real si fece sempre più palese. Valdano rimase a secco di soluzioni e a fine gennaio fu esonerato dopo una sconfitta casalinga contro il Rayo Vallecano, con il Real all'ottavo posto in classifica. Il suo sostituto, il gallego Arsenio Iglesias, non fece però molto meglio: i madrileni furono estromessi ai quarti di Champions League per mano della Juventus, e finirono solo sesti nella Liga, fallendo clamorosamente anche la qualificazione alla Coppa UEFA.

Sanz, dando poco peso al bilancio, non ci pensò due volte e diede vita a un'altra rivoluzione, attingendo a man bassa in un mercato europeo stravolto dalla sentenza Bosman: arrivarono gli attaccanti Davor Šuker e Predrag Mijatovic, il brasiliano Roberto Carlos, l'olandese Clarence Seedorf, il terzino portoghese Secretario, il portiere tedesco

Bodo Illgner e, nel gennaio successivo, anche l'italiano Christian Panucci. Fu inoltre annunciato anche il nome del nuovo allenatore: Fabio Capello.

La sentenza Bosman era appena entrata in vigore, eppure già si potevano notare i primi grossi cambiamenti nella mappa del calcio europeo. La possibilità di acquistare calciatori stranieri comunitari portò le squadre a diventare delle vere e proprie multinazionali: il numero degli spagnoli titolari nel Real scese da otto a quattro nello spazio di una stagione. Così, un anno dopo Butragueño, stavolta toccò a Míchel finire nell'elenco dei giocatori in esubero.

Míchel si congedò in lacrime il 19 maggio 1996, realizzando una doppietta al Mérida nella penultima di campionato, di fronte a un numeroso pubblico accorso tutto per lui. Il Bernabéu, lo stesso stadio che in passato l'aveva spesso fischiato, quel giorno gli rese un meritato omaggio. Míchel non resistette all'emozione: uscendo dal campo si inginocchiò e baciò il manto erboso, poi scoppiò a piangere. Tutti i compagni lo salutarono affettuosamente, abbracciandolo. Il primo a farlo fu proprio Sanchís, compagno di mille battaglie: da quel momento in avanti sarebbe stato lui il solo superstite della Quinta a rappresentare i colori del club.

MIRACOLO A PARIGI

Nonostante si fosse separato calcisticamente dalla Quinta nell'estate 1987, Pardeza viene tuttora ricordato per essere stato un membro di quella generazione di fenomeni, piuttosto che un calciatore dalla propria discreta carriera. Un cordone ombelicale impossibile da tagliare: anche adesso infatti, a distanza di trent'anni, digitando Pardeza su un qualsiasi motore di ricerca in internet, una foto compare immancabilmente fra i primissimi risultati. L'immagine in questione ritrae cinque giocatori, in posa prima di una gara, quattro con la maglia blu e uno con la maglia bianca. Il "diverso", ovviamente, è Pardeza, quello vestito di bianco, mentre gli altri sono i suoi ex-compagni del Real Madrid capeggiati dal Buitre.

Quella foto è, in realtà, molto ingannevole. Incorrettamente, infatti, Pardeza viene spesso considerato solamente come "Quinto della Quinta", un comprimario messo lì solo per il gusto letterario del giornalista Julio César Iglesias, costretto per forza a trovare un quinto elemento, per poter dare un significato ancor più poetico al proprio articolo. Niente di più sbagliato: 81 reti segnate nella sola Liga, trecento partite disputate nel campionato spagnolo, più alcune presenze in nazionale. Ovviamente, il suo palmares è stato molto meno ricco di quello dei suoi ex compagni: mentre il resto della Quinta faceva incetta di titoli, Pardeza giocava invece in una squadra di mezza classifica, il Real Zaragoza

Dopo la retrocessione del 1977, il Real Zaragoza era di nuovo ritornato presenza fissa nella Liga, non lottando mai per il titolo ma finendo comunque nella parte di sinistra della classifica. Tuttavia, la stagione 1990-91 fu più complicata del previsto e nel marzo 1991, con la squadra a forte rischio retrocessione, il tecnico uruguaiano Ildo Maneiro decise di dimettersi, lasciando la guida nelle mani del giovane Victor Fernández.

Senza un passato da giocatore, il trentenne Fernández sembrò essere il classico traghettatore, vista la sua limitata esperienza. Fernández infatti era stato assistente di Antic prima di guidare mezza stagione il Deportivo Aragón, la squadra *filial* del Real Zaragoza. Un curriculum scarsino, per poter suscitare entusiasmo fra gli addetti ai lavori. L'inizio fu poi in netta salita: nonostante le 13 reti stagionali realizzate proprio da Pardeza, gli aragonesi riuscirono a salvarsi solo attraverso lo spareggio contro il Murcia. Dopo il pari rimediato in trasferta, il Real Zaragoza la spuntò grazie al 5-2 della gara di ritorno, con Pardeza autore di una doppietta.

Quella salvezza segnò una svolta per il club: Fernández venne confermato alla guida e allo stesso tempo la società incominciò a rimodellare la squadra. Nel 1990 già erano presenti in rosa Xavier Aguado, difensore centrale prelevato dal Sabadell, e Gustavo Poyet, centrocampista acquistato dal River Plate di Montevideo, così come l'attaccante Francisco Higuera, il portiere Cedrún e il giovane terzino Alberto Belsué. Tutti si convertirono, assieme a Pardeza, in punti di riferimento di quella squadra. Il mercato effettuato nelle successive sessioni fu estremamente oculato, e a Zaragoza furono poi bravi a scommettere su alcuni giovani considerati ancora troppo acerbi per i grandi club: dal Real Madrid arrivarono infatti il difensore Solana, il regista Santiago Aragón e il ventenne attaccante argentino Juan Eduardo Esnáider, mentre nel 1993 Fernández riuscì a riportare in Spagna anche Mohamed Ali Amar "Nayim", centrocampista di scuola Barcelona, voluto da Venables al Tottenham. Con lui, nella stessa estate, approdò anche il nazionale argentino Fernando Cáceres, stopper proveniente dal River Plate di Buenos Aires.

Non tutti gli acquisti furono però sinonimo di successo: l'estroverso portiere paraguaiano José Luis Chilavert viene ricordato più per il suo carattere difficile che per le parate, mentre il tedesco Andreas Brehme, oramai spompato, fece poco o nulla per lasciare traccia di sé nella Liga. A Fernández serviva gente desiderosa di farsi un nome, e con un alto spirito di sacrificio, e non veterani venuti a svernare o pittoreschi portieri capaci di segnare ma pure di prendere gol da centrocampo, come capitato a Chilavert contro la Real Sociedad. L'avventura di Brehme durò perciò una sola stagione e anche Chilavert fece ritorno in Sudamerica, nel 1991. Pure Cafu passò sei mesi a Zaragoza durante la stagione 1994-95, con il suo impiego limitato più dall'intoccabilità degli altri tre stranieri consentiti in formazione (Cáceres, Esnáider e Poyet) piuttosto che dal suo rendimento. Il terzino brasiliano dovette quindi accontentarsi di fare il tappabuchi, prima di ritornare in Brasile, al Palmeiras, l'estate successiva.

Il massiccio reclutamento portò subito discreti frutti. Il Real Zaragoza ottenne un buon sesto posto, mentre Pardeza riuscì a maturare definitivamente come calciatore, tanto da diventare il capitano della squadra. Le sue prestazioni attirarono pure le attenzioni di club blasonati come Atlético Madrid e Barcelona, anche se i vari interessi non si concretizzarono. Baricentro basso, gambe esplosive, Pardeza poteva contare su un gran controllo di palla e un buon dribbling. Il fisico minuto, ma allo stesso tempo robusto, non fu un impedimento, anzi. Pardeza sapeva resistere ai contrasti per poi sgusciar via negli spazi stretti, e l'intesa con il compagno di reparto Higuera fece guadagnare alla coppia d'attacco del Real Zaragoza il nomignolo di "gemelli del gol", visto che entrambi vantavano simili caratteristiche. Tuttavia, malgrado le ottime prestazioni dei due, fu proprio il reparto offensivo il punto debole della squadra, con numeri simili a quelli prodotti da una squadra di bassa classifica.

L'upgrade necessario arrivò nella stagione 1993-94 con l'approdo in Aragona di Esnáider. Con lui, Fernández trovò il tassello mancante: l'argentino era forte fisicamente, imperioso nel gioco aereo, sapeva muoversi senza palla e aveva anche una ottima tecnica di base. Con Esnáider al centro, e con Pardeza e Higuera sugli esterni, l'attacco iniziò finalmente a ingranare. I gol, di conseguenza, caddero a grappoli: dopo aver segnato complessivamente 37 reti nella stagione 1992-93, il Real Zaragoza arrivò a quota 71 in quella successiva. Solo il Barcelona di Cruyff fece di meglio. La squadra di Fernández portò pure a casa scalpi importanti, facendo divertire il pubblico della Romareda: il Barcelona stesso venne liquidato per 6-3; il Real Madrid per 4-1; il Tenerife per 6-2. E nonostante le trasferte rappresentarono il tallone d'Achille degli aragonesi, Pardeza e soci riuscirono comunque a umiliare l'Atlético Madrid, espugnando per 4-0 il Vicente Calderón.

Se il terzo posto finale fu più che meritato, la vittoria in Coppa del Re rappresentò la ciliegina sulla torta. Il successo sul Celta Vigo, arrivato dopo i calci di rigore, spalancò poi le porte alla successiva Coppa delle Coppe, e, sulla scia della brillante annata precedente, il Real Zaragoza iniziò col turbo anche la Liga, trovandosi al comando solitario dopo undici giornate. Il sogno di poter competere per il titolo però svanì ben presto, visto che le gambe dei giocatori incominciarono ad accusare la stanchezza dell'impegno europeo. Anche l'eccessiva carica agonistica penalizzò gli aragonesi: furono ben 17 le espulsioni collezionate nell'arco del campionato. Al termine della stagione il Real Zaragoza arrivò comunque quinto, e ben tre giocatori biancoazzurri - Esnáider con 16 reti, Poyet e

Pardeza con 11 a testa - finirono in doppia cifra. Tuttavia, fu in Coppa delle Coppe che la squadra strabiliò tutti.

Dopo aver eliminato i rumeni del Gloria Bistrita e gli slovacchi del Tatran Prešov nei turni iniziali, la prima prova di una certa difficoltà arrivò nei quarti contro il Feyenoord. A Rotterdam, gli olandesi si imposero per 1-0, ma a Zaragoza la musica fu diversa, e la rimonta fu completata grazie ai gol di Pardeza ed Esnáider. Nella semifinale d'andata, la "legge della Romareda" si dimostrò poi impietosa anche per gli inglesi del Chelsea, spazzati via da un cocente 3-0, con Pardeza ed Esnáider ancora protagonisti.

Con un punteggio del genere a favore, il viaggio a Londra sembrò meno difficile del previsto. I blues non erano certo la squadra glamour di oggi: sarebbero passati altri otto anni prima che l'oligarca russo Roman Abramovich, l'attuale proprietario, convertisse il club in uno dei giganti della Premier League. Ma senza più nulla da perdere, il Chelsea - con Glenn Hoddle nella doppia veste di allenatore-giocatore - rese lo stesso la vita dura agli spagnoli, i quali furono bravi a limitare i danni, perdendo 3-1. A oltre trent'anni di distanza dall'ultimo, e unico, successo europeo, davanti al Real Zaragoza si presentava così un'altra chance per aggiungere nella propria bacheca un altro trofeo internazionale, da mettere al fianco della Coppa delle Fiere, vinta nel lontano 1964.

L'ultimo ostacolo era rappresentato dai detentori del titolo, gli inglesi dell'Arsenal, formazione di caratura nettamente superiore a quella del Chelsea. I gunners potevano contare su numerosi uomini d'esperienza, malgrado l'aria che si respirava dalle parti di Highbury in quei mesi non fosse comunque delle migliori. Lo storico manager scozzese George Graham era stato licenziato dopo uno scandalo legato a dei pagamenti illeciti nell'ambito dell'acquisto di due giocatori, mentre il capitano Tony Adams e l'attaccante Paul Merson erano alle prese con gravi problemi di dipendenza da alcool e droghe.

Merson aveva addirittura saltato parte della stagione per sottoporsi a un trattamento di disintossicazione, dopo aver ammesso pubblicamente la propria situazione nel novembre 1994. In campionato le cose si erano messe male – i gunners avrebbero terminato solo in dodicesima posizione - e la Coppa delle Coppe finì ben presto per essere l'obbiettivo primario dei londinesi.

La finale di Parigi vide subito due stili di calcio a confronto: il Real Zaragoza era una squadra che amava giocare la palla e fraseggiare, mentre gli inglesi erano tosti e agonisticamente superiori, con il terribile cecchino Ian Wright come terminale offensivo. Consapevoli di essere inferiori tecnicamente, i gunners cercarono subito di far valere la propria esperienza e la maggior fisicità. Adams, con le buone e con le cattive, imbrigliò fin dal primo minuto Esnáider, mentre in mezzo lo svedese Stefan Schwarz e Martin Keown, oltre che randellare, calamitarono numerosi palloni, asfissiando la manovra spagnola.

Con il passare dei minuti il Real Zaragoza entrò in partita, risvegliandosi dal torpore iniziale, e il match finalmente decollò. A inizio ripresa David Seaman fu costretto a due interventi difficili sulle conclusioni di Pardeza ed Higuera, mentre dall'altra parte fu il terzino Belsué a respingere sulla linea un colpo di testa di Merson. Con le squadre stanche, Fernández pensò di irrobustire il centrocampo togliendo una punta, Higuera, e inserendo un centrocampista centrale, Sanjuán. Un minuto più tardi, il Real Zaragoza passò in vantaggio: Esnáider approfittò di un raro momento di libertà e, cogliendo di sorpresa un po' tutti, lasciò partire un tracciante dai trenta metri che si infilò sotto l'incrocio dei pali, con Seaman impietrito.

La gioia degli spagnoli durò comunque meno di dieci minuti. L'Arsenal si rifece prepotentemente sotto, trovando il pareggio con un gol di John Hartson. Per una compagine con limitata esperienza internazionale, l'1-1 avrebbe potuto rappresentare la doccia fredda e il momento chiave, in negativo, dell'incontro. Ma quel Zaragoza era una squadra formata da gente con grossa personalità, che sapeva benissimo che l'occasione di vincere un trofeo così importante non sarebbe forse più ricapitata. Anche le indicazioni del tecnico Fernández furono chiare: continuare a fare la stessa partita fatta fino a quel momento. Senza tirarsi minimamente indietro.

I supplementari iniziarono con un'altra grossa chance per gli spagnoli, ma stavolta Seaman ricorse a un balzo felino per deviare il colpo di testa di Aguado, con la sfera che miracolosamente ritornò fra le braccia del portiere inglese dopo aver impattato sul palo. Nei minuti che seguirono la gara entrò in stallo, con i giocatori che sembrarono gestire le ultime energie rimaste, prima di andare a giocarsela dagli undici metri. Anche i pensieri di Fernández furono rivolti verso i calci di rigore: al minuto centoquattordici, il tecnico spagnolo fece entrare in campo Geli, uno specialista, togliendo Sanjuán. Il neoentrato, mancino, si piazzò quindi sulla fascia sinistra, e Nayim fu costretto così cambiare di lato, traslocando sulla destra per gli ultimi minuti di gioco: involontariamente, fu la mossa che decise la gara.

Nayim si trovò all'altezza della riga di centrocampo, quando ricevette palla, giusto qualche secondo prima della fine. Il centrocampista addomesticò la sfera, lasciandola rimbalzare un paio di volte, poi alzò la testa. La difesa dell'Arsenal, come da consuetudine, aveva avanzato la propria linea. Sia Esnáider che Pardeza, scattati in avanti, stavano finendo in fuorigioco. A corto di soluzioni, Nayim decise di concludere la giocata nella maniera più spettacolare: dal suo piede destro partì un campanile che si alzò in aria, ricadendo pericolosamente verso la porta. Il pubblico rimase a bocca aperta, trattenendo il fiato per l'emozione per dei secondi per sembrarono interminabili. Seaman, che si trovava qualche metro fuori dalla linea, provò a riposizionarsi, correndo disperatamente all'indietro. Il suo tentativo di respinta fu però inutile: il portiere inglese riuscì solamente ad accarezzare la sfera, mentre questa si infilava in rete.

Fu Pardeza, il capitano della squadra, che ebbe l'onore di alzare al cielo la Coppa della Coppe, anche se il momento di gloria durò però poco. In estate il Real Madrid si riprese indietro Esnáider, esercitando l'opzione di ricompra. Perso il bomber di spicco, il club puntò ancora sui giovani – dall'Albacete arrivò il promettente centravanti Fernando Morientes - ma parecchi giocatori, fra cui proprio Pardeza, furono alle prese con guai fisici che impedirono alla squadra di mantenere lo stesso livello messo in mostra precedentemente. Anche la Romareda perse improvvisamente lo status di fortino inespugnabile, e il Real Zaragoza subì l'onta di ben nove sconfitte interne. Nemmeno in Europa le cose andarono come sperato: la difesa del titolo di Coppa delle Coppe si interruppe ai quarti, dove fu un'altra spagnola, il Deportivo La Coruña, a estromettere gli aragonesi.

Quella storica Coppa delle Coppe rappresentò il canto del cigno per quel gruppo di giocatori. Interrotta la magia, il primo a farne le spese fu il tecnico Fernández, esonerato nel novembre 1996, a seguito di un'altra partenza mediocre. Nello spazio di una stagione, il gruppo degli "eroi di Parigi" – così erano stati ribattezzati- si dissolse: Cáceres finì al Valencia; Poyet al Chelsea; Cedrún e Nayim al Logroñes. Anche i "gemelli" Pardeza e Higuera decisero di andarsene, scegliendo il Messico come loro prossima destinazione.

SI VOLTA PAGINA

Dopo il periodo della transizione, difficile ma pieno di speranze e ribellione, il decennio degli anni Ottanta vide finalmente prendere piede una nuova Spagna, non solo a livello sociale, ma soprattutto a livello finanziario. Le ristrettezze del post-Franco, vissuto all'insegna dell'austerità, fecero da trampolino al boom economico, arrivato grazie all'ingresso nella Comunità Europea, il quale portò il paese a un benessere mai conosciuto prima. Fra il 1986 e il 1991, infatti, l'economia che più crebbe all'interno della CEE fu proprio quella spagnola, e ciò iniziò a riflettersi immancabilmente nello stile di vita della popolazione.

Anche politicamente la Spagna aveva cambiato totalmente il proprio assetto: nel 1982 erano saliti al potere i socialisti, guidati da Felipe Gonzáles, e l'età media dei ministri era passata a essere di soli quarantuno anni, una delle più basse di tutta Europa. Finalmente, le catene che legavano il paese al non troppo lontano passato, potevano definirsi completamente rotte.

Il nuovo governo, non senza difficoltà iniziali, seppe cavalcare in pieno l'onda del boom economico: con sufficienti fondi finalmente a disposizione – la maggior parte provenienti dalla CEE- lo Stato iniziò a modernizzare il paese investendo molto in infrastrutture, il che, come diretta conseguenza, portò alla creazione di numerosi posti di lavoro. La ciliegina sulla torta arrivò con l'assegnazione di due importanti eventi, come l'EXPO di Sevilla e le Olimpiadi di Barcelona, le quali fecero sì che il 1992 fosse "l'anno della Spagna".

I cambi arrivarono anche a livello sociale: con più soldi in tasca, gli spagnoli incominciarono a modificare le proprie abitudini, inghiottiti anche loro dal consumismo che stava prendendo piede in tutto il mondo. La gente iniziò a comprare beni – come auto, televisioni - fino ad allora considerati un lusso, a vestire più glamour e a viaggiare sempre di più, non solo all'interno del paese.

L'arrivo del nuovo decennio, però, costituì un punto di inflessione, e fu proprio il 1992 a segnare la interruzione della crescita economica. Il governo socialista di Gonzáles improvvisamente iniziò a scricchiolare: il buon lavoro svolto era stato sufficiente ad assicurarsi la continuità dei voti nel corso degli anni, ma l'arrivo della crisi bastò per scoprire alcuni scheletri nell'armadio. Oltre che inflazione e disoccupazione, Gonzáles si trovò ad affrontare anche numerosi altri problemi, come quello della corruzione all'interno del suo partito e il coinvolgimento con i GAL, un gruppo paramilitare assoldato dal governo per combattere l'ETA con le sue stesse armi, ovvero violenza e sangue.

Dopo anni di dominio pressoché incontrastato, le elezioni del 1993 videro i socialisti spuntarla solo di misura. Ma nemmeno la lenta ripresa ottenuta durante la sua quarta legislatura fu sufficiente ad assicurare a Gonzáles la continuità: nel 1996, dopo quattordici ininterrotti anni al potere, il leader socialista fu costretto finalmente ad abdicare, lasciando la Spagna in mano alla destra e a José María Aznar, il leader del PP, il *Partido Popular*.

La parabola socialista fu in qualche modo simile a quella della Quinta. Durante molti anni, Butragueño non fu solo un giocatore, ma bensì una marca, una immagine di quella Spagna rampante che stava cambiando e vivendo il suo primo e vero boom economico. Poi arrivarono gli anni Novanta che spazzarono via tutto, dalle vecchie mode ai simboli sociali, politici e sportivi. E anche Butragueño venne messo nel ripostiglio, come un paio di scarpe vecchie finite improvvisamente fuori moda.

TUTTI IN MESSICO

Nonostante fossero passati nove anni dalla quaterna rifilata alla Danimarca, le gesta di Butragueño rimanevano ancora vive nella memoria del popolo messicano. Celaya, poi, distava solo una cinquantina di chilometri da Querétaro, luogo che evocava solo ricordi positivi per il Buitre. Fu proprio nello stadio di Querétaro dove l'Atlético Celaya fu costretto a giocare diverse partite ad inizio stagione, visto che i lavori di ampliamento del proprio impianto furono terminati solo a campionato in corso. La promozione in Primera División aveva difatti colto di sorpresa un po' tutti.

Ufficialmente, l'Atlético Celaya era stato messo in piedi solo nel 1994, anno in cui Enrique Fernández e i suoi soci avevano acquistato la franchigia dell'Atlético Cuernavaca, allora militane in Segunda División. Proprio Fernández – un impresario asturiano, originario di Langreo ma trasferitosi in Messico sul finire degli anni Sessanta – ebbe un ruolo fondamentale nella trattativa con Butragueño, il quale intraprese la nuova avventura con la serietà e l'umiltà che sempre lo avevano contraddistinto.

Gli inizi non furono affatto semplici, comunque. Il Celaya era pur sempre una neopromossa al suo secondo anno di vita, ma ben presto, grazie alla nuova stella, le cose iniziarono ad andare per il verso giusto e la squadra si classificò al quarto posto nella stagione regolare, guadagnando così l'accesso ai play-off valevoli per il titolo. Con 17 reti totali, il Buitre fu il miglior realizzatore, ma il suo contributo andò al di là del semplice apporto numerico. I compagni, stimolati dalla sua presenza, resero al massimo, e nei play-off il Celaya vestì i panni della squadra rivelazione, battendo il Monterrey nei quarti, e poi facendo fuori il Veracruz in semifinale.

Se il Celaya rappresentava la sorpresa del torneo, l'altra finalista, il Nexaca, era indubbiamente la favorita al successo finale. Campioni nella precedente stagione, la squadra poteva contare su una rosa di tutto rispetto, ricca di giocatori di spessore come il regista Álex *"El Maestro"* Aguinaga – considerato uno dei più forti calciatori ecuadoriani di sempre - e tanti nazionali messicani, fra cui il centrocampista Alberto García Aspe e i due temibili attaccanti, Luis Hernández e Ricardo Peláez.

Fu proprio Peláez ad aprire le marcature nella finale di andata, disputatasi a Celaya, prima che un gol di Carlos Hernández riequilibrasse la contesa. Fu una gara giocata più con foga che con ordine, e sulle gambe dei giocatori del Celaya pesò, almeno all'inizio, l'importanza della posta in palio e l'eccezionalità dell'evento. Durante tutta la gara, Butragueño fu reso innocuo dalla ferrea marcatura dei difensori avversari, ma all'attaccante spagnolo bastò poco per risultare di nuovo decisivo: fu lui a propiziare il pari con un colpo di testa finito sulla traversa e ribattuto successivamente in rete da Hernández.

Tre giorni dopo, allo stadio Azteca di Città del Messico, davanti a centoventimila spettatori, si disputò la gara di ritorno. L'1-1 dell'andata avvantaggiava ovviamente il Nexaca, in virtù del gol segnato in trasferta. In molti pronosticarono addirittura una goleada a favore dei campioni uscenti, tanta era la differenza di valori. Ma il Celaya, consapevole di non aver più nulla da perdere, entrò in campo disinibito. Dopo due minuti, l'attaccante cileno

Richard Zambrano costrinse Nicolás Navarro ad un difficile intervento, lasciando subito intendere che i celayensi non fossero venuti nella capitale a fare da turisti.

La gara proseguì in maniera frenetica, con García Aspe che rispose centrando un palo. Sotto la spinta ospite, il Nexaca fu costretto ad arretrare il baricentro, accontentandosi di amministrare il risultato, e affidandosi principalmente al contropiede. I tifosi del Celaya vissero gli ultimi minuti con il cuore in gola. L'arrembaggio si era fatto sempre più intenso, e sembrava che il gol potesse arrivare da un momento all'altro. L'occasione più limpida capitò a cinque minuti dal termine proprio sulla testa di Butragueño. Il Buitre, da pochi passi, graziò Navarro mandando la palla a lato. Per un soffio, il miracolo non si concretizzò. Il Celaya passò alla storia come *"El campeón sin corona"* – il campione senza titolo – visto che aveva perso il campionato senza mai uscire sconfitto nel doppio confronto. Tuttavia, nonostante l'amarezza per la gloria sfuggita sul fil di lana, Butragueño era riuscito a conquistare di nuovo il cuore dei messicani, amore corrisposto anche da parte del giocatore, che decise così di fermarsi ancora.

Sulla scia di quel secondo posto, la dirigenza dell'Atlético Celaya si adoperò affinché il sogno potesse continuare e cercò di soddisfare le aspettative che tale impresa aveva generato. Confermati i pezzi pregiati della rosa – l'attaccante Zambrano e il difensore ecuadoriano Iván Hurtado – fu Míchel il secondo big ad approdare a Celaya, nell'estate 1996, seguito da Hugo Sánchez nel gennaio successivo. L'arrivo di Butragueño aveva aperto infatti le porte del calcio messicano ai calciatori spagnoli: nel 1997 anche Pardeza e Higuera decisero di attraversare l'Atlantico, accasandosi al Puebla, dove formarono il tridente d'attacco assieme a un altro spagnolo, l'ex centravanti dell'Oviedo Carlos Muñoz.

Nel frattempo, la formula del campionato era cambiata e la competizione era stata divisa in due distinte parti: il

Torneo Invierno, da disputarsi fra agosto e dicembre, e il Torneo Verano, da gennaio a giugno. Vennero quindi assegnati due titoli di campione, mentre le retrocessioni furono invece stabilite secondo un promedio di punti, il quale prendeva in considerazione i punteggi delle ultime tre stagioni.

Nonostante l'arrivo di tanti campioni, comunque, il Celaya faticò a ripetersi. Ben presto il club si trovò impelagato nei bassifondi della classifica, e Butragueño rimase a secco per un lungo periodo. Anche la gloria locale, il centravanti Sánchez, si presentò con le polveri bagnate. Il bomber messicano, dopo aver lasciato il Real Madrid, aveva girovagato per il mondo giocando ancora in Spagna (Rayo Vallecano), in Messico (América ed Atlante), negli Stati Uniti (FC Dallas), passando persino per la serie B austriaca, quando indossò nel 1995 la maglia del FC Link, club scomparso poi due anni più tardi. A Celaya, Sánchez segnò solo due reti in dodici partite, e nel maggio 1997 mise fine al suo pellegrinare calcistico ritirandosi definitivamente.

Mentre Míchel decise di appendere le scarpette al chiodo anche lui nel 1997, Butragueño rimase al Celaya pure la successiva stagione, quando fu raggiunto stavolta da Martín Vázquez, con il centrocampista reduce da una tormentata esperienza al Deportivo La Coruña, dove fu bersagliato da continui problemi fisici.

Nella stagione 1997-98, per la prima volta in carriera Butragueño sperimentò sulla propria pelle cosa significasse dover giocare per non retrocedere. Il Buitre avrebbe smesso a fine stagione, ma ciò non gli impedì di lottare fino in fondo al conseguimento dell'obbiettivo. Butragueño segnò dieci reti fra Invierno e Verano, e il suo contributo fu vitale nel mantenere in vita le speranze del Celaya, impegnato con Veracruz e Puebla in una difficile lotta salvezza. La permanenza arrivò solamente all'ultima gara di campionato, proprio dopo un pareggio casalingo contro il Puebla di Pardeza, risultato che salvò entrambe le squadre, e che condannò il Veracruz alla retrocessione.

Una volta compiuta la propria missione, il Buitre salutò il Messico, mentre Pardeza rimase ancora mezza stagione in Centroamerica, prima di appendere anche lui le scarpette al chiodo. Martín Vázquez tentò invece una improbabile avventura in terra tedesca, accasandosi al Karlsruhe – appena retrocesso nella Zweite Liga– esperienza che durò però lo spazio di cinque partite. Nel 1999, soltanto un membro della Quinta rimaneva ancora in attivo: Sanchís.

LA SÉPTIMA

Arrivato a Madrid con la fama di allenatore vincente, Capello non tardò a confermare sul campo le proprie qualità. I problemi, comunque, iniziarono a nascere fuori dal rettangolo verde. Il Real Madrid vinceva, ma non sempre giocava bene: motivo sufficiente per creare presupposti per polemiche. Capello non era poi molto amato nello spogliatoio. Ma se da un lato si comportò come un despota, esigendo il massimo dai suoi giocatori, da un altro si dimostrò una persona franca e diretta, che amava dire le cose in faccia. Nel bene e nel male. Hierro, Seedorf e Roberto Carlos ebbero tutti forti discussioni con il tecnico, ma la maggior parte dei conflitti interni servì solo a fortificare lo spirito vincente della squadra. La conquista del campionato fu una diretta conseguenza. Tuttavia, nemmeno la vittoria del ventisettesimo titolo di Liga riuscì a risanare il rapporto fra il tecnico e il presidente Sanz.

Capello non era nuovo a datori di lavoro esigenti. Il tecnico friulano aveva già lavorato con un personaggio del calibro di Silvio Berlusconi, ma mai si sarebbe immaginato di dover interrompere il proprio contratto con il Real Madrid dopo il primo dei tre anni. Molte critiche dipesero dal fatto che la squadra non aveva stile, visto che a Capello interessavano principalmente il risultato e l'equilibrio in campo. Il Real fu infatti la seconda miglior difesa e il secondo miglior attacco della Liga. Lo spettacolo? Qualcosa di superfluo.

Ma i malumori non dipesero solo dalle esigenze della platea. Sanz era solito mettere il naso nello spogliatoio – luogo sacro per l'allenatore italiano – e contemporaneamente aveva il vizio di filtrare notizie alla stampa, specialmente per rigirare i problemi a favore del club. Persa la pazienza col presidente a metà stagione, Capello iniziò a negoziare un rientro in Italia, prendendo contatti con il Milan dove fece ritorno l'estate successiva. Con la perdita di Capello, il Real Madrid ripiombò di nuovo in un periodo di crisi tecnica.

Fu il tedesco Jupp Heynckes l'incaricato di prendere in mano la squadra per la stagione 1997-98. Dopo un inizio tutto sommato discreto, il Real Madrid crollò di colpo con arrivo dell'anno nuovo. Il distacco dalla capolista Barcelona divenne incolmabile - 10 punti a metà marzo – e i blancos furono pure eliminati in Coppa del Re per mano del Deportivo Alavés, all'epoca formazione di Segunda División. Heynckes nel frattempo si era mostrato inadatto a gestire uno spogliatoio caldo come quello madrileno, e i giocatori approfittarono subito del carattere troppo permissivo del tecnico tedesco, il quale non venne mai appoggiato dal club. Una volta, prima di una gara di Champions League, Heynckes fissò un allenamento "volontario": solo in quattro - Seedorf, Raúl, Jaime e Víctor - vi parteciparono, con il resto della rosa che preferì godersi un giorno libero. Difficile immaginarsi la stessa scena con Capello alla guida.

Heynckes fu vicino all'esonero in più di una occasione, ma alla fine Sanz – forse per mancanza di un sostituto ideale – decise di non licenziarlo. Tanto, distrutto nello spirito e consumato da mesi e mesi di stress, Heynckes aveva già deciso che in estate sarebbe stato meglio andarsene altrove. C'era comunque da terminare la stagione. Il Real era riuscito, in un modo o nell'altro, ad arrivare fino alle semifinali di Champions League, dove avrebbe dovuto incontrare il Borussia Dortmund.

La gara d'andata iniziò in maniera quasi comica. Con le squadre pronte a giocare, una porta crollò di schianto dopo che un gruppo di tifosi spagnoli si era arrampicato sulla rete di recinzione, dove la porta era collegata mediante i cavi di sospensione. L'arbitro belga Mario van der Ende mandò così tutti negli spogliatoi, in attesa di trovare una soluzione. Quelli del Borussia avrebbero voluto non giocare, mentre alcuni dirigenti del Real si diressero in fretta e furia alla Ciudad Deportiva, il centro d'allenamento del club, l'unico posto dove poter ottenere una porta sostitutiva.

Ma il problema non era certo semplice da risolvere. Come trasportare poi la porta al Bernabéu? Il destino volle che Cándido Gómez, un costruttore di Fuenlabrada, si trovasse proprio in quel momento al lavoro nella Ciudad Deportiva. Sembrò un film d'azione, di quelli a la *Fast and Furious*: la porta fu caricata sul camion di Gómez – il quale fu pure costretto a sfondare col mezzo il cancello d'entrata, visto che nella confusione nessuno sapeva dove fossero le chiavi del lucchetto – prima che lo stesso costruttore si dirigesse a tutta velocità allo stadio Bernabéu, dove la porta fu impiantata a tempo di record. Dopo settantacinque lunghissimi minuti, la gara ebbe finalmente inizio.

Un rimaneggiato Borussia Dortmund giocò una gara fin troppo passiva e gli spagnoli, pur non brillando, ottennero invece il massimo con il minimo sforzo: 2-0 grazie alle reti di Morientes e Christian Karembeu. Nel ritorno del Westfalenstadion, i blancos badarono solamente a difendersi, con il pareggio a reti bianche sufficiente a staccare il biglietto per Amsterdam. Dopo diciassette anni, finalmente, il Real avrebbe di nuovo disputato una finale di Champions League.

Nemmeno la finale conquistata contribuì però a risollevare il morale in casa Real. Una settimana prima della sfida di Champions League, Sanz convocò nel proprio ufficio il tecnico Heynckes, per tastare l'umore della squadra prima della finale. «*Hundido*» - abbattuto- fu la risposta del tecnico, il quale non vedeva l'ora di terminare la stagione per andarsene. Nessuno, neanche il più ottimista dei tifosi, credeva che il Real sarebbe stato capace di competere contro la temibile Juventus di Marcello Lippi, alla sua terza finale di Champions League consecutiva.

Anche i giocatori del Real arrivarono sfiduciati alla vigilia della gara. Fra i più agitati l'attaccante Mijatovic. Il montenegrino aveva disputato fin lì quasi tutte le gare di Champions, ma non era mai riuscito a segnare nemmeno una rete. A volte aveva persino mancato il bersaglio in maniera goffa, diventando così lo zimbello di stampa e tifosi, non solo quelli avversari. Ma non erano solamente le statistiche a preoccupare Mijatovic. Un paio di giorni prima della finale, infatti, aveva sentito un pizzico al polpaccio. Un infortunio che, se svelato, gli avrebbe impedito di giocare. Pedro Chueca, il fisioterapista del Real, si rese subito conto che qualcosa non andava, e pensò di riferirlo al mister, ma Mijatovic lo minacciò. Heynckes, ovviamente, non si accorse di nulla: il montenegrino avrebbe giocato così dal primo minuto.

Nonostante la Juve si presentasse come favorita, il Real giocò una partita di sacrificio. Capitana da Sanchís, l'ultimo baluardo della Quinta del Buitre, la difesa spagnola prese piano piano le misure a Filippo Inzaghi e Alessandro Del Piero, con Karembeu che si incaricò di seguire a uomo Zidane. Bloccati gli uomini più pericolosi, la gara entrò in stallo. Lippi provò alcune variazioni tattiche - Alessio Tacchinardi prese il posto di Angelo Di Livio— ma Heynckes non cambiò quasi nulla, chiedendo a tutti, attaccanti compresi, il massimo sforzo.

Considerato anche l'infortunio, il lavoro di Mijatovic fu encomiabile. L'attaccante non si tirò mai indietro e fu proprio lui, al ventiduesimo minuto della ripresa, a decidere l'incontro, quando si avventò come un rapace su un tiro-cross di Roberto Carlos rimpallato da un difensore juventino. In posizione dubbia, Mijatovic fu freddo il necessario per saltare il portiere ed eludere la successiva chiusura di Paolo Montero, spendendo la palla in rete con un tocchetto di sinistro.

In svantaggio, la Juventus si rigettò in avanti, ma il Real si difese con ordine: la coppia Sanchís-Hierro alzò un muro a prova d'urto, sul quale le iniziative bianconere andarono a sbattere. Inzaghi e Davids ebbero una occasione a testa, ma con il passare dei minuti la frustrazione juventina prese il sopravvento, e gli attacchi si fecero più impulsivi, anche se sempre meno pericolosi. Poi, finalmente, arrivò il triplice fischio dell'arbitro Hellmut Krug: il Real era di nuovo campione d'Europa.

COME PAPÀ, ANZI MEGLIO

Il successo del Real Madrid in Champions League fu tanto inaspettato che, quando scesero negli spogliatoi a fine gara, i giocatori spagnoli non trovarono nemmeno una bottiglia di champagne pronta per essere stappata. Fortunatamente, in quello avversario ce ne erano in abbondanza, e gli juventini, non certo in vena di festeggiamenti, gliele cedettero ben volentieri. In pochi avevano creduto nell'impresa. Il giornale *AS*, alla vigilia della finale, prendendo in prestito una delle frasi più celebri della rivolta studentesca del 1968 ("Siate realisti, chiedete l'impossibile"), aveva intitolato la propria edizione con un "*Seamos realistas, pidamos lo imposible.*" Persino per loro, roccaforte mediatica madridista, una eventuale vittoria del Real era considerata quasi una "missione impossibile".

Per Sanchís quella vittoria fu non solo la fine di un incubo, ma anche il coronamento di una carriera spesa in maglia blanca. Proprio al capitano fu dedicata la prima pagina di *Marca* con la frase "*Ya eres mía*" - Adesso sei mia – accompagnata dall'immagine di Sanchís che bacia la coppa. Per lui, quel trofeo rappresentò anche una resa dei conti con il padre, che nel 1966 aveva appunto vinto la Coppa dei Campioni con la maglia del Real. Per anni, in casa, i due si erano scherzosamente scontrati su quest'aspetto: da quel momento in poi, in famiglia non ci sarebbe stata più disparità fra le due generazioni.

Se la *séptima* aveva ristabilito la parità fra padre e figlio, l'Intercontinentale conquistata dal Real Madrid nel dicembre successivo rappresentò il definitivo sorpasso a favore di Sanchís junior, visto che nel 1966 gli spagnoli erano stati incapaci di superare nel doppio confronto gli uruguaiani del Peñarol. A Tokio, il Real Madrid invece batté i brasiliani del Vasco da Gama per 2-1, grazie a una superba rete di Raúl a sette minuti dal termine: fu di nuovo Sanchís a salire sul podio per ricevere l'ennesimo trofeo della propria carriera.

Sebbene la tanto agognata Champions League avesse riportato il sereno in casa Real, il bel tempo durò poco, e le nuvole cariche di problemi tornarono di nuovo a farsi minacciose. Come previsto, Heynckes lasciò la panchina, il suo posto preso dall'ex leggenda Camacho. Carattere sanguigno, uomo di polso e rispettato capitano durante la sua parabola da giocatore, Camacho sembrava essere il profilo giusto per ridare un verso alla squadra e al difficile spogliatoio. Ma non fu così. La luna di miele durò solo ventidue giorni: Camacho si dimise prima ancora di iniziare la preparazione, dopo alcune divergenze con Sanz. Il presidente ripiegò allora sull'olandese Hiddink, il suo sesto tecnico in soli tre anni di mandato.

Il cammino del Real fu di nuovo regolare nella prima parte, e disastroso nella seconda. Arrivarono alcune batoste di troppo – incluso un 3-0 per mano del Barça nel *Clásico* – e Sanz non ci pensò due volte nel licenziare Hiddink, rimpiazzandolo con il gallese Toshack, alla sua seconda avventura sulla panchina del Real. Le cose non cambiarono, comunque. Il Real fu eliminato sia in Champions, per mano dalla Dinamo Kiev, che in Coppa del Re, stavolta dopo un umiliante 6-0 rifilatogli dal Valencia di Claudio Ranieri. Nella Liga arrivarono comunque secondi, seppur a una distanza siderale (-11) dal Barcelona di Louis van Gaal.

Incredibilmente, Toshack riuscì a mantenere il posto. I giovani Morientes e Raúl (25 reti, capocannoniere della Liga) si stavano consacrando come delle stelle, mentre Sanz, dopo un'estate senza grossi acquisti, aprì di nuovo il portafoglio. Gli spagnoli Míchel Salgado e Iván Helguera giunsero con l'obbiettivo di irrobustire la difesa, mente l'inglese Steven McManaman avrebbe dovuto aggiungere qualità al centrocampo. Ma l'arrivo che fece più scalpore fu senza dubbio quello del francese Nicolas Anelka, strappato all'Arsenal per una cifra record di oltre €30m. A fronte di tanti acquisti, anche molte partenze importanti: fecero la valigia Šuker, Panucci e Mijatovic, mentre Seedorf se ne andò nel gennaio successivo.

L'inizio di campionato fu un autentico calvario. A fine ottobre, il Real Madrid era appena undicesimo, distanziato di dieci punti dalla vetta, mentre il Sevilla, ultimo in classifica, si trovava solo quattro punti dietro ai blancos. In più, lo spogliatoio era di nuovo diventato una polveriera. Nonostante un patto fra club, allenatore e rosa, Toshack non aveva perso il vizio di criticare, direttamente o indirettamente, i propri giocatori. La bomba scoppiò quando il gallese sparò a zero contro il portiere argentino Albano Bizzarri, dichiarando che, ogni qualvolta gli avversari si avvicinavano alla propria porta, lui chiudesse gli occhi per non vedere, sperando in un miracolo. L'ex portiere Miguel Ángel, all'epoca direttore della Ciudad Deportiva, rispose per le rime, dichiarando che secondo lui i portieri non venivano preparati a dovere. Hierro difese l'intervento di Miguel Ángel e attaccò anche lui l'allenatore, ribandendo che stava continuando a violare le regole dello spogliatoio. In piena emergenza, Sanz convocò una riunione chiarificatrice, a cui parteciparono sia Toshack che alcuni senatori della rosa. Ma l'allenatore gallese non sembrò aver recepito il messaggio, così, a distanza di pochi giorni da quell'incontro, dopo l'ennesima sparata, fu licenziato.

La squadra venne quindi affidata al solito Del Bosque,

ormai specializzato nel fare da traghettatore e subentrare nei momenti del bisogno, un po' come era solito fare Molowny qualche anno prima. Anche in questo caso – nonostante Sanz avesse dichiarato che il tecnico sarebbe rimasto fino alla fine della stagione – agli occhi di tutti sembrò solamente una soluzione d'emergenza, in attesa che si liberasse qualche pezzo grosso sul mercato.

Nonostante la scarsa fiducia da parte dei media e della gente in generale, spettava comunque a Del Bosque l'onere di risolvere i tanti problemi. Fra le gatte da pelare ereditate dal nuovo tecnico, Anelka era poi il caso più scottante. Il francese non solo si trovava a secco di gol, ma aveva dimostrato uno scarsissimo feeling con il resto del gruppo, e zero spirito di adattamento al nuovo club.

Ma i problemi del Real non si fermarono all'attacco: la difesa era un infatti un colabrodo. Sanchís, a 34 anni, non dava più garanzie fisiche, così come Hierro, sempre troppo acciaccato. Inevitabilmente il peso del reparto era ricaduto sulle spalle delle nuove leve, in particolare su quelle di Helguera, Iván Campo e Aitor Karanka. Inoltre, non si capiva nemmeno chi dovesse essere il portiere titolare: Illgner era tormentato da guai fisici, e aveva potuto giocare solo cinque partite in avvio di campionato. Il suo sostituto, il ventunenne argentino Bizzarri, non sembrava essere all'altezza. L'emergenza aveva addirittura portato Toshack a far debuttare, sia nella Liga che in Champions League, il diciottenne Iker Casillas, prima di rimandarlo a giocare con il Castilla.

Il punto più basso della stagione fu toccato alla quattordicesima giornata, quando il Real Madrid perse 5-1 in casa contro il Real Zaragoza. Con la squadra al diciassettesimo posto, qualcosa doveva essere per forza cambiato, e una delle prime decisioni drastiche prese da Del Bosque riguardò proprio la scelta del numero uno: il tecnico stabilì che avrebbe puntato sul giovane Casillas da lì in avanti. Con la politica dei piccoli passi, il lavoro diede i suoi frutti. Il Real Madrid rimase imbattuto nei due mesi successivi, e soprattutto fu riportata tranquillità nello spogliatoio. Le soddisfazioni non tardarono ad arrivare, come la vittoria per 3-0 nel *Clásico* contro il Barcelona. Pure il francese Anelka, rimasto a secco per oltre sei mesi, riuscì a sbloccarsi. In primavera, con il cammino nella Liga già comunque compromesso dall'enorme distacco accumulato in precedenza, le attenzioni si spostarono tutte sulla Champions League, visto che il Real avrebbe dovuto sfidare i campioni uscenti del Manchester United nei quarti di finale.

Dopo l'andata del Bernabéu, terminata a reti bianche, la gara di ritorno incuteva paura. In 45 anni di competizioni europee, solo tre squadre[5] erano riuscite fino a quel momento a espugnare l'Old Trafford, impresa che risultò irrealizzabile persino per il Real Madrid di Di Stéfano o l'Ajax di Cruyff. Di fronte a gente del calibro di David Beckham, Ryan Giggs, Roy Keane, Paul Scholes, guidati dalla sapiente mano di Alex Ferguson, l'ottimismo era limitato.

Come previsto, il Manchester United partì all'attacco, anche se il Real Madrid si difese con ordine. Con Hierro e Sanchís fuori causa, Helguera venne promosso a leader difensivo, e quella sera fu letteralmente il condottiero del pacchetto arretrato. Il Real non disdegnò nemmeno le sortite offensive, specialmente sul lato di Roberto Carlos, ma la gara fu sbloccata in maniera quasi casuale, quando Keane deviò nella propria porta un innocuo cross di Salgado.

Dopo il vantaggio spagnolo, gli attacchi dello United si fecero ancora più veementi, ma il Real riuscì in qualche modo ad arrivare indenne all'intervallo. Poi, nella ripresa, a salire in cattedra fu Raúl. Il giovane attaccante prima raddoppiò con un velenoso diagonale, e poi triplicò su assist di Redondo. La terza fu una rete incredibile, non tanto nell'esecuzione finale – Raúl mise dentro da pochi

---

[5] Fenerbahçe, Juve e Borussia Dortmund, tutte nella stagione '96-97

passi, a porta praticamente sguarnita- ma per la maniera in cui si sviluppò. Un'azione tuttora considerata fra le più belle della storia della Champions League: Redondo infatti si liberò del proprio marcatore con un poderoso e disorientante colpo di tacco, prima di pennellare un rasoterra col contagiri su cui Raúl si avventò come un cobra, il tutto dopo aver effettuato un taglio in area da manuale.

Sotto di tre reti, Ferguson potenziò la contraerea, ma nemmeno il forcing finale servì ad evitare l'eliminazione. Beckham riuscì ad accorciare le distanze, ma il giovane Casillas fece ottima guardia, concedendo il 2-3 solo nei minuti finali, quando la gara era già virtualmente conclusa.

La vittoria dell'Old Trafford non solo fu lo spartiacque della stagione, ma quel successo rappresentò il trampolino di lancio per una nuova generazione di madridisti, capitanata da Raúl, Helguera e Casillas, che da lì a poco avrebbe rilevato il testimone dalla vecchia guardia. Non ancora ventitreenne - semmai ci fossero stati dubbi sul suo valore - quella notte Raúl si consacrò definitivamente come campione assoluto a livello europeo, e la gara entrò di diritto nella storia del club. Anzi, il fatto di aver vinto fuori dal Bernabéu, e senza l'aiuto del *medio escénico* e della forza del proprio pubblico, diede maggior lustro all'impresa.

Se il Real era stato capace di andare a Manchester, e imporsi in casa dei detentori del trofeo, il Bayern Monaco, l'avversario da affrontare in semifinale, non faceva più paura. Le due squadre già si erano incontrate nella seconda fase: il Bayern si era imposto nettamente in entrambe le gare (4-2 a Madrid e 4-1 in Baviera), ma in due mesi il vento era totalmente cambiato. L'euforia generale del momento si trasferì a qualsiasi giocatore, e persino lo spaesato Anelka riscoprì improvvisamente la forma migliore. Fu proprio il francese il protagonista delle semifinali: il centravanti aprì le marcature nella gara d'andata del Bernabéu, terminata 2-0, ripetendosi anche in quella di ritorno, dove gli spagnoli, pur soffrendo, uscirono sconfitti solamente per 2-1. Il Real avrebbe così disputato la sua seconda finale di Champions League, a soli due anni di distanza dalla vittoriosa gara contro la Juventus.

In silenzio, e in pochi mesi, Del Bosque era riuscito a rivitalizzare una squadra al limite del collasso, ridisegnare una difesa colabrodo e lanciare in pianta stabile un giovane del vivaio nel delicato ruolo di portiere. Adesso, stava incominciando a tirar fuori qualcosa di buono anche da un bidone come Anelka. In molti iniziarono a chiedersi dove tenesse nascosta la bacchetta magica e così la prospettiva di rimanere ancora sulla panchina del Real divenne presto realtà: giusto pochi giorni prima della finale di Champions di Parigi, Sanz gli offrì l'occasione di continuare, presentandogli un nuovo contratto. Del Bosque accettò.

Rispetto a due anni prima, i calciatori del Real arrivarono all'appuntamento con la finale di Parigi molto più tranquilli e rilassati, questo nonostante il Valencia allenato da Héctor Cúper non fosse certo comunque un avversario facile. In Europa aveva portato a casa scalpi importanti – come la Lazio, demolita nei quarti, e il Barcelona, battuto in semifinale – mentre in campionato era riuscito in extremis a centrare il terzo posto, sorpassando all'ultima giornata sia il Real Zaragoza che il Real Madrid, terminato quinto. Cúper poteva contare su due incessanti pendolini sulle corsie esterne come Gaizka Mendieta e Kily González, mentre davanti il pericolo numero uno era invece l'argentino Claudio *"El Piojo"* López. La difesa poi era composta da gente d'esperienza, come il portiere Santiago Cañizares e i terzini Jocelyn Angloma e Amedeo Carboni.

Fu proprio l'assenza di Carboni, squalificato, una delle chiavi della finale. Gerardo García, il suo sostituto, si dimostrò inadatto a questo tipo di gare, e apparve subito chiaro che su quel lato il Valencia risultasse innocuo. Il Real giganteggiò così in mezzo al campo: quando Cúper decise di modificare l'assetto tattico, togliendo proprio Gerardo per Adrian Ilie, una punta, fu troppo tardi. In quel momento il Real era già in vantaggio per 2-0, grazie ai gol di Morientes e McManaman, e pochi minuti dopo Raúl avrebbe confezionato il tris: contropiede solitario, aggiramento di Cañizares e palla in buca. Sul punteggio di 3-0, con la vittoria praticamente già in tasca, Del Bosque diede uno sguardo alla panchina e ordinò a Sanchís di prepararsi per entrare. Sarebbe stato lui il capitano incaricato di alzare al cielo l'*octava*.

LA QUINTA È LEGGENDA

Il 17 giugno 2001 uno striscione fu esposto sulle tribune del Bernabéu: «*Hasta Siempre Capitán. Has Hecho Historia. Ahora Serás Leyenda*». In campo Real Madrid contro Valladolid, l'ultima gara ufficiale giocata da Sanchís con la maglia blanca, che dopo tante stagioni era diventata quasi come una seconda pelle. Anche per lui, il più longevo della Quinta, era arrivato il momento di appendere le scarpette al chiodo e passare da capitano a leggenda del club. Sanchís si congedò con l'ottavo titolo di Liga e a fine gara fu lanciato in aria dai proprio compagni, sotto gli occhi di ex allenatori ed ex giocatori del Real, che furono tutti invitati a celebrare il ritiro di quello che è considerato uno dei simboli del club.

Le impressionanti statistiche della carriera di Sanchís parlano chiaro: 18 stagioni in prima squadra con il Real, 21 trofei vinti e 523 gare disputate, per un totale di 43381 minuti giocati. Record che sarebbero stati poi successivamente battuti da Raúl (550 gare) e da Iker Casillas (45684 minuti), i primatisti attuali del club, mentre solo Gento – proprio colui che per primo si accorse delle qualità di Sanchís- lo può eguagliare in longevità, superandolo per numero di titoli conquistati.

Allo stadio Bernabéu quel giorno, oltre a tanti

appassionati, non potettero mancare Butragueño, Míchel, Martín Vázquez e Pardeza. Con il ritiro di Sanchís infatti, si chiuse definitivamente il ciclo della Quinta, che venne così consegnata definitivamente alla storia e alla memoria degli appassionati, non solo del Real Madrid, ma dell'intera Spagna.

In realtà, nonostante l'assenza dai campi di gioco, nessuno di loro ha lasciato completamente l'ambiente del calcio. Míchel, per esempio, dopo le esperienze come opinionista e commentatore, nel 2005 decise di rimettersi in gioco, accettando la panchina del Rayo Vallecano, militante all'epoca in Segunda División B, la terza serie spagnola. Il buon lavoro svolto a Vallecas portò all'immediata chiamata da parte del Real Madrid, che lo coinvolse prima come tecnico del Castilla e poi come direttore del settore giovanile, incarico lasciato nel 2009 per tornare ad allenare, stavolta a Getafe.

Fu proprio durante la sua parentesi a Getafe che Míchel si ritrovò di fronte il vecchio nemico Clemente: mentre in campo si ignorarono, evitando perfino la stretta di mano, nelle rispettive conferenze stampa i due si lanciarono invece frecciate di ogni tipo, lasciando intendere che le divergenze di qualche anno prima erano tutt'altro che risolte. Per la cronaca, con un pareggio e una vittoria, il bilancio secco fu a favore di Clemente, anche se in entrambi i casi la gioia fu effimera, visto che le squadre da lui allenate – il Valladolid nel 2010 e lo Sporting Gijón nel 2012 - retrocessero a fine stagione.

Nella sua parentesi di Getafe Míchel ottenne discreti risultati – un sesto posto che fruttò la qualificazione all'Europa League e una semifinale di Coppa del Re- le quali gli consentirono di spiccare il volo verso panchine più importanti, come quelle di Sevilla, Olympiakos, Olympique de Marsella e Malaga. Non tutte le esperienze possono essere considerate comunque positive, con qualche esonero di troppo a macchiare un curriculum dove spiccano i due campionati e una coppa vinti in Grecia.

Attualmente è seduto sulla panchina dei Pumas UNAM, squadra di Città del Messico militante nella Primera División messicana.

Come Míchel, anche Martín Vázquez ha intrapreso la carriera da allenatore, collaborando con il Deportivo Ford - un club di puro settore giovanile nel quale opera pure Sanchís – dove si diletta nell'insegnare i fondamentali del calcio ai bambini. Solo nel febbraio 2018 a Martín Vázquez arrivò la chiamata di un club professionistico, l'Extremadura, squadra di terza serie. Non fu una esperienza fortunata comunque, e l'incarico durò solo poche settimane, con Martín Vázquez esonerato dopo aver raccolto solamente undici punti in altrettante giornate.

Fra i membri della Quinta, Sanchís è senza dubbio quello più attivo. Opinionista per la radio *Cadena Cope*, collaboratore in seno al Deportivo Ford, Sanchís fa parte della società *Deporgadyd*, una impresa organizzatrice di eventi sportivi, ed è coinvolto pure in altre attività commerciali, fra cui spicca la *Bodega Casalobos*, una azienda vinicola che vanta altri soci illustri, come gli ex compagni Butragueño, Míchel e Martín Vázquez, il cestista Antonio Martín e il cantante Miguel Bosé.

Mentre la maggior parte delle attività dei membri della Quinta sembrano comunque ruotare intorno al mondo del calcio, Pardeza ha deciso invece di continuare a dedicarsi all'altra passione della sua vita: la filosofia. Appassionato di letteratura fin dalla gioventù, Pardeza si è laureato in Filosofia Spagnola con una tesi sullo scrittore César González-Ruano, e nel 2016 è uscito anche il suo primo libro, intitolato *Torneo*, proprio come la trasmissione televisiva che lo aveva lanciato da adolescente, portandolo da Huelva a Madrid. Negli anni precedenti Pardeza aveva pure ricoperto ruoli dirigenziali nei club della sua vita, Real Zaragoza e Real Madrid, anche se al momento le sue attenzioni sono rivolte interamente alla propria passione artistica.

Ma Pardeza non è l'unico laureato della Quinta. Sia

Sanchís che Butragueño possono vantare ciascuno una laurea in Economia all'Università Complutense di Madrid – ottenute entrambi combinando studio e calcio nei primi anni di carriera - e proprio per fini di studio, dopo aver chiuso la propria carriera in Messico, il Buitre decise di fermarsi ancora nel continente americano, stavolta spostandosi a Los Angeles e inscrivendosi all'Università della California, la UCLA. Sulla costa pacifica, lontano dalle luci dei riflettori, il Buitre non riuscì però a stare fuori dal mondo dello sport: Butragueño entrò infatti nei Los Angeles Dodgers, una delle squadre di baseball più famose degli Stati Uniti, anche se i suoi incarichi nel club furono i più disparati, soprattutto amministrativi o di pubbliche relazioni. Tuttavia, quei mesi passati in California permisero a Butragueño di fare una esperienza diversa e di godersi anche un insolito e rilassante anonimato in compagnia della propria famiglia.

In totale, Butragueño rimase a Los Angeles un anno. Rientrato in Spagna, non gli mancarono le offerte di lavoro, e dopo aver accettato la proposta del CSD (Consiglio Superiore dello Sport) per un posto da consulente, il Buitre ricevette una chiamata da un numero familiare. Nel 2000 vi erano state infatti le elezioni per la presidenza del Real Madrid, e Florentino Pérez aveva trionfato su Sanz, al quale non erano bastate le vittorie europee per poter mantenere la fiducia dei soci. Pérez ridisegnò le gerarchie del club, Valdano fu nominato direttore sportivo del club, e Butragueño venne immediatamente richiamato per incorporarsi al resto della nuova dirigenza. Da quel momento il Buitre è tornato nel suo club, quello di cui è socio dal giorno della nascita. Negli anni Butragueño ha disimpegnato vari ruoli dirigenziali, fino diventare di recente il Direttore delle Relazioni Istituzionali del club, incarico che calza a pennello con la sua figura. In fondo, chi meglio di lui per rappresentare nel mondo l'immagine del Real Madrid?

BIBLIOGRAFIA

BALL, PHIL, *Morbo: The Story of Spanish Football* (WSC, 2011)

BURNS, JIMMY, *Barca: A People´s Passion* (Bloomsbury, 2015); *La Roja: A Journey Through Spanish Football* (Simon&Schuster, 2012); *The Real Deal: A History of Real Madrid* (Endeavour, 2012)

COX, MICHAEL, *Zonal Marking: The Making of Modern European Football* (HarperCollins, 2019)

CRUZ, JUAN, *Jorge Valdano* (El Pais, 2011)

HOOPER, JOHN, *The New Spaniards* (London, 1995)

IGLESIAS, JULIO CÉSAR, *La Esfera y el Guante* (Corner, 2013)

LOWE, SID, *Fear and Loathing in La Liga* (Yellow Jersey Press, 2013)

MARTÍN, LUIS e GIMÉNEZ, SANTI *Cuando éramos los mejores (pero no ganábamos nunca)* (Debate, 2014)

ORTEGO, ENRIQUE, *Corazones blancos* (Everest, 2013)

PARDEZA, MIGUEL, *Torneo* (Malpaso, 2017)

QUIROGA, ALEJANDRO, *Goles y Banderas: Fútbol e identidades nacionales en España* (Marcial Pons Historia, 2015)

TORRES, AXEL, *11 Ciudades, Viajes de un Periodista Deportivo* (Editorial Contra, 2013)

VALDANO, JORGE, *Fútbol: el Juego Infinito* (Conecta, 2016)

WILSON, JONATHAN, *Inverting the Pyramid: The History of Football Tactics* (Orion, 2013); *Angel with Dirty Faces* (Orion, 2016)

GIORNALI, RIVISTE e WEBSITE
11 Freunde, Germania
ABC, Spagna
AS, Spagna
Corriere della Sera, Italia
El Español, Spagna
La Gazzetta dello Sport, Italia
The Guardian, Gran Bretagna
Marca, Spagna
El Mundo, Spagna
El Mundo Deportivo, Spagna
Jot Down, (www.jotdown.es) Spagna
El País, Spagna
Panenka, Spagna
El Periódico de Aragón, Spagna
Qué fue de…Blog (blogs.20minutos.es/quefuede/) Spagna
Real Madrid, Sito officiale (www.realmadrid.com), Spagna
La Stampa, Italia
La Vanguardia, Spagna

TV, RADIO e DOCUMENTARI
Cadena Ser, Spagna
Cadena Cope, Spagna
Informe Robinson (Canal +), Spagna
Marca TV, Spagna
Radio Marca, Spagna
RTVE, Spagna
Real Madrid TV, Spagna